실록 동학농민혁명사

신순철 · 이진영 지음

서 경 문 화 사

책머리에

1998년 현재 우리는 'IMF시대'라는 말로 상징되는 암울한 위기에 직면해 있다. 미래의 우리 후손들은 이 시기를 대단히 주목할 것이다. 위기에 처한 지금, 여기에 우리가 어떻게 대응하느냐에 따라 자신들의 삶의 조건이 결정되기 때문이다. 우리가 위기를 극복하여 자신들의 삶을 탄탄대로에서 시작할 수 있다면, 그들은 우리를 높이 평가하고 계승하려 할 것이다. 반대로 우리가 위기에 주저앉아 - 우리가 그랬던 것처럼 - 진흙탕과도 같은 조건을 물려받는다면, 그들은 우리를 비판하고 왜 실패했는지를 파헤치고 대안을 모색할 것이다. 그 결과가 어떻든지 우리 후손은 자신들의 '현재' 때문에 우리의 현재를 주목할 것이다.

이와 똑같은 이유에서 우리는 근대의 역사를 주목한다. 우리 현재의 출발은 우리가 결정지은게 아니라 앞서 결정된 것이다. 현재의 왜곡과 굴절은, 즉 한국현대사의 온갖 불행은 모두 근대사의 실패에 따른 식민지화에서 비롯되었다. 그리고 근대사의 성패를 결정짓는 첫 단추는 바로 동학농민혁명이었다. 이처럼 역사는 과거로서 완결된 것이 아니라 오늘을 보고 내일의 방향을 잡기 위한 것이다. 새로운 세기를 눈앞에 둔 지금, 100년도 더 지난 한 역사적 사건을 깊이 성찰해야 하는 이유가 여기에 있다.

동학농민혁명은 우리나라의 역사적 사건 가운데 가장 많이 연구된 사건이다. 특히 농민혁명 100주년을 계기로 해서 많은 책들이 쓰여졌다.

그런데 그 대부분이 전문적인 학술서이거나 답사안내서여서 농민혁명사를 쉽게, 모두 전달하지 못한 점이 있었다. 그간 동학농민혁명기념사업회에서는 동학농민혁명사의 핵심과 의미를 모두 담으면서도 누구나 손쉽게 읽을 수 있는 책이 있어야 한다고 생각했고, 이 책은 그런 생각에서 쓰여졌다. 부족하나마 이 책이 동학농민혁명을 이해하는데 조그마한 보탬이 되었으면 바랄게 없겠다.

끝으로 동학농민혁명기념사업회의 일에 관심을 가지고 지원해 준 전라북도 관계자 여러분, 깔끔하게 책을 펴내 준 서경문화사 직원 여러분께 감사의 뜻을 전한다.

1998년 9월
신순철·이진영

차 례

.
.
.

제 1 장
혁명 전사(前史), 동학농민혁명을 향하여

제 1 장 혁명 전사(前史), 동학농민혁명을 향하여

하나의 역사적 사건이 일어나기까지의 과정을 온전히 알려면, 당시의 시대적 상황과 그에 대한 당시대인의 대응을 함께 보아야 한다. 시대와 인간을 동시에 이해해야 한다는 것이다. 동학농민혁명으로 말하면, 앞의 것은 "농민혁명을 불러온 사회·경제적 상황이 무엇인가"의 문제로서 이를 시대적 조건이라 한다. 농민혁명의 시대적 조건으로는 농민층의 양극 분화, 조세 수취제도의 모순과 문란, 정치세력의 부패, 열강의 경제적 침탈 등을 꼽을 수 있다. 뒤의 것은 "누가 어떻게 해서 동학농민혁명은 일어날 수 있었는가" 즉 농민혁명을 일으킨 주체세력 형성과정의 문제로서 이를 주체적 조건이라 한다. 이와 관련해서는 19세기 조선 전역에 만연했던 농민봉기(민란), 그리고 동학과 동학집회운동의 변천과정을 살펴야 한다.

1. 동학농민혁명은 왜, 어떻게 일어났나

1) 농민혁명의 시대적 배경

(1) 농민층의 양극 분화

18세기를 넘어서면서 조선사회는 이앙법(移秧法)이라는 새로운 농사법의 발달에서부터 시작된 커다란 경제적 변동에 직면하였다. 조선후기

이래 보편화된 이앙법은 여러 가지 장점이 있었다. 이앙법은 이전의 직파법(直播法)에 비해 노동력을 절반이상 줄이고 생산량은 2배 이상 늘리는 효과가 있었으며, 한 해동안 한 논에 벼와 보리농사를 번갈아 짓는 이모작(二毛作)을 가능하게 했다. 말하자면 이앙법은 농지이용도를 높이고 농민의 소득을 크게 증대시켰다. 여기에 더하여 이때는 저수지 등 수리시설의 정비·확대, 시비법(施肥法)의 발달, 농기구의 개량 등이 현저히 이루어지는 한편 감자·고구마·고추 등 새로운 작물이 도입되고 인삼·연초 재배가 확산되며 농업생산력의 증대를 도왔다.

이런 농업생산력의 발전은 농업 경영상에도 뚜렷한 변화를 불러왔다. 농업노동력의 절감과 생산력의 증대라는 변화를 잘 활용한 지주나 농민들은 자신들의 경영 규모를 확대해 갔다. 이들은 경작지를 확대하기 위해 토지를 개간하거나 사들였고 더러는 다른 사람의 토지를 빌리기도 하였다. 이처럼 확대된 경작 형태를 광작(廣作)이라고 한다. 한편 생산력이 발전하는 가운데 상품화폐경제도 급속히 발달하여 농촌 경제는 장시(場市 ; 시장)와 연결되었다. 이에 따라 곡물을 비롯해서 직물·채소·약재·연초 등이 단순히 소비하기 위해서가 아니라 시장에 내다 팔기 위해 재배되었다. 농산물의 상품화가 이루어진 것이다. 이같이 시장을 상대로 한 농업을 상업적 농업이라 한다.

이때 일고 있던 새로운 농업경영 즉 광작이나 상업적 농업에는 일부 자작농이나 소작농이 참여하여 부를 축적하고 부농 또는 서민지주로 성장하기도 하였다. 하지만 지주의 경영확대 형태인 광작 등의 성행은 결과적으로 소수 지주나 상인에게 토지와 부가 더욱 집중되고 많은 농민들이 토지를 상실하는 현상을 낳았다. 요컨대 조선후기 농업 경제상의 변동 속에서 농민층은 소수의 부농과 지주, 그리고 다수의 빈농으로 양극 분화해 갔던 것이다.

농민층의 양극화는 시간이 갈수록 두드러졌다. 부농과 지주는 임금노동자를 고용하면서 상품작물 등을 생산하였고, 이를 시장에 판매하여 부를 쌓고 토지를 늘려 갔다. 그러나 이와 대조적으로 많은 자·소작농은 몰락과 궁핍의 길을 걸었다. 이 가운데 상당수는 부농과 지주의 경영 확대로 말미암아 빌릴 토지조차 없어 농사를 지을 수 없는 무토불농(無土不農)의 처지가 되었다. 이들은 아예 농토를 떠나 유랑민이 되거나 임금노동자로 전락하였다. 이처럼 농업생산력의 발전을 바탕으로 19세기 후반 농민층은 양극단으로 분화되었고, 이는 조선사회 전반을 크게 동요시켰다.

(2) 조세 수취제도의 모순과 문란

18세기 중반이후 조선의 세금제도는 전정(田政), 군정(軍政), 환곡(還穀)이라는 삼정(三政)체제로 확립되었다. 그런데 이 조세 수취제도는 제도 자체에 문제점을 안고 있었다. 이를 '수취체제의 모순'이라고 하는데, 모순의 내용은 기본적으로 '얼마를 수탈했느냐'는 것이라기보다 '누가 냈느냐'는 것이었다. 이 시기 세금은 평민층, 즉 직접생산자인 자·소작농에게 집중적으로 부과되고 있었다. 이를테면 조병갑(趙秉甲)과 같은 악질 관리들의 가혹한 수탈도 문제였지만, 그 이전에 이미 농민들은 잘못된 조세구조로 인해 집중 수취 대상이 되어 큰 어려움을 겪고 있었던 것이다.

토지세를 말하는 전정의 경우, 토지소유주인 지주가 아니라 직접생산자 즉 지주에게 세를 물고 토지를 빌어 농사짓는 소작인에게 집중 부과되었다. 16세에서 60세까지의 양인 장정에게 부과된 군정의 경우도 양반은 면제되었다. 대원군 때에 양반도 군역을 부담토록 하는 제도상의 변화가 있긴 했지만, 이것도 시행과정에서 곧 변질되어 조그만 권력이라도 있는 양반은 모두 빠져나감으로써 실효를 거두지 못하였다. 환정의 경우 애초에는 춘궁기(보리고개)에 관곡을 싸게 빌려주어 농민들이 굶주림을 면하도록 하는 빈민구제책이었다. 그러나 그 이자를 국가재정에 충당하면서부터는 국가고리대의 성격을 띄었는데, 이 역시 아무 것도 내세울게 없는 일반농민들에 부담되는 것이었다.

여기에 더하여 세금거두는 일을 전적으로 담당한 수령과 아전은 중앙지배층과 결탁된 가운데 자의적이고 무제한적인 수탈을 일삼아 농민들의 부담을 더욱 가중시켰다. 전정의 경우 지방관리들은 애초 있지도 않은 토지까지 장부에 올려 세금을 거두었고(虛結), 원래 3년 내지 5년동안은 세금을 거두지 않는 개간지를 정상적인 토지로 처리하여 세금을 거두었다(陳結). 이밖에도 가승미(加升米), 인정미(人情米), 낙정미(落庭米), 곡상미(斛上米), 간색미(看色米) 등 수십종에 이르는 탈법적인 잡세를 둠으로써, 결국 농민들은 애초 법에 정해진 것보다 몇 배나 많은 세금을 부담해야 했다.

군정을 빌미로 한 수탈 역시 극심했다. 수령과 아전은 군정 대상이 아닌 16세 이하의 어린아이 또는 60세가 넘거나 이미 죽은 자까지 장부에 올려 군포를 거두었다(黃口簽丁, 白骨徵布). 그런가 하면 군역을 피해 도망한 자, 군역 부담 능력이 없는 자의 군포를 남아 있는 가족이나 이웃에게서 거두었다(族徵, 隣徵). 또한 향촌에서 영향력이 있거나 부를 축적한 사람들이 지방관리와 결탁해서 군역을 빠져나감으로써 일반농민들이 그들의 몫까지 부담해야 했다.

환곡의 경우 수령과 아전은 수량을 속이고 강제로 대여하고 거짓으로 장부를 꾸미는 등의 방법으로 농민들을 수탈했다. 이용할 권세가 있거나 뇌물 바칠 능력이 있는 사람들은 환곡을 빙자한 수탈에서도 빠져나갔고, 일반 농민들은 그 몫마저 짊어져야 했다.

이처럼 삼정이라는 국가의 조세 수취제도는, 그 잘못된 구조와 파행적인 운영으로 직접생산자인 농민층의 성장을 가로막았을 뿐 아니라 생계 기반마저 위협하고 있었다. 하나의 예로 1893년 전라도 고창현의 농민들은 한 해 농사지어 각종 세금을 내고 나면, 인구의 30‐40%에 이르는 순수 소작농은 아무리 많이 잡아도 한 집 평균 녁달치, 35%에 이르는 자작농 겸 소작농은 일곱달치의 식량만을 남겼을 뿐이라고 한다. 가혹한 세금수탈로 인구의 70% 정도가 한 해 식량조차 마련하기 어려웠던 것이다.

(3) 정치세력의 부패

19세기초 순조대에 이르러, 왕실과 연결된 소수의 몇몇 집안이 국가권력을 장악하는 기형적인 정치형태가 자리를 틀었다. 이를 '세도(勢道)정치'라 하는데 이것이 당대에 그치지 않고 헌종, 철종대로 이어졌다. 그리하여 19세기 전반은 왕실외척인 안동김씨와 풍양조씨에 의해 국권이 농단되는 상황이 전개되었다. 1863년 고종이 즉위한 후, 왕권의 회복을 도모한 대원군 이하응(李昰應)이 안동김씨를 비롯한 세도 권력가들을 대거 숙청함으로써 세도정치는 끝나는 듯하였다.

그러나 10년 뒤 대원군이 권좌에서 물러남과 동시에 민비의 집안인 여흥민씨에 의해 세도정치가 다시 시작되었다. 이 민씨세도 권력은 숱한 폐단을 낳으며 조선을 위기로 몰아 넣었다. 권력기반이 취약했던 민씨정권은 정권유지에 급급한 가운데 아무런 대안 없이 일본에 굴욕적인 개국(開國)을 하였다. 또한 임오군란과 갑신정변을 거치면서 나라를 청(淸)나라의 속국(屬國)과 다를 바 없는 처지로 전락시켰다.

이들의 무능과 부패상은 내정(內政)에서도 그대로 드러났다. 백성들이 농민봉기 등을 통해 사회개혁을 절실히 요구하는 것에 아랑곳하지 않고,

민씨정권은 아무런 개혁도 하지 못한 채 오히려 극심한 부패의 길로 치달았다. 여기에 더하여 왕실재정과 국가재정이 명확히 분리되지 않던 상황에서, 왕실이 과도하게 비용을 지출하여 국가는 만성적인 재정적자에 허덕이고 있었다. 부족한 재정을 충당하기 위해 민씨정권은 수천냥에서 수만냥씩 받고 관직을 팔았고 관리 등용문인 과거(科擧)시험에 있어서의 온갖 부정을 방치하였다. 그러고도 모자라서 지방재정을 끌어다 중앙재정을 충당하였다.

돈을 주고 관직을 산 지방관은 자리를 유지하려는 해당 지역의 향리, 별감, 좌수들로부터 다시 뇌물을 챙겼다. 그리고 이들이 상납한 뇌물의 부담은 세금 수취를 빙자한 '수탈'의 형태로 고스란히 백성들에게 돌아왔다. 올려 보내진 지방재정의 몫 역시 지방재정의 충당을 명분으로 한 지방관리의 수탈로 이어졌다.

민씨정권은 통제력의 이완으로 지방관리의 부정을 통제할 수 없었을 뿐더러 오히려 탐관오리(貪官汚吏)를 대량으로 양산하며 관리의 수탈을 조장하고 있었던 셈이다. "왕후재상은 머리가 되고 지방관리는 몸통이 되고 향리들은 그들의 손발이 되어 백성을 수탈하는데 혈안이 되었다"는 당시 한 유생의 탄식은 결코 과장이 아니었다. 이런 부패구조의 최종적인 희생자가 일반농민이었음은 다시 말할 것도 없다.

(4) 열강의 경제적 침탈

1876년 조선은 일본의 무력적 위협에 굴복하여 전혀 준비되지 않은 가운데 문호를 개방하였다. 개항이후 조선은 일본과 무역을 시작하였는데, 조선의 수출품은 주로 쌀, 콩, 소가죽, 금 등 농수산물과 귀금속이었다. 수입품은, 초기에는 일본의 중개무역을 통해 들어오는 영국산 면포였는데 1890년대에는 일본산 면포와 생필품이 주를 이루었다. 그런데 이런 대외 무역구조는 곧바로 조선의 농업, 수공업 기반을 위협하는 결과를 가져왔다.

조선 수출입의 절대량을 차지하던 일본은, 1890년을 전후하여 산업자본주의 단계로 접어들면서 대폭 늘어난 도시 노동자를 위해 많은 양의 값싼 식량이 필요하였다. 일본은 조선의 쌀을 끌어들여 이 문제를 해결하려 했고, 이에 따라 다량의 조선 쌀이 일본으로 유출되었다. 다량의 쌀 유출은 그렇지 않아도 쌀이 모자라던 조선에 심각한 쌀 부족 현상을 불러왔고 이는 쌀값 앙등으로 이어졌다.

쌀값의 앙등은 쌀을 쌓아 두고 있던 소수 지주에게는 더 많은 이익을 안겨 주는 호경기를 의미했으나 임금노동자들에게는 생계를 위협하는 것이었다. 영세한 자·소작농 역시 쌀값 앙등은 불리한 것이었다. 빚을 갚거나 세금을 내기 위해 쌀값이 싼 가을에 쌀을 팔고(이를· 궁박판매라 한다) 쌀값이 비싼 봄에 빚을 내서 쌀을 사 먹는 악순환을 되풀이했던 것이다. 결국 지주들이 막대한 토지를 집적해 가는 반대편에서 영세한 자·소작농들은 궁박판매 등으로 전전하다가 마침내는 생활기반인 집과 토지마저 상실하고 몰락해 갔다.

수공업의 경우도 마찬가지였다. 값싼 외국산 면포는 가내수공업 단계에 있던 조선의 면포시장을 순식간에 잠식했고, 그 결과 조선의 면포산업은 몰락단계에 놓였다. 값싼 생필품의 수입 역시 조선의 수공업을 뿌리째 뒤흔들었다. 도자기 제조업을 비롯한 거의 모든 수공업장이 생산을 중단해 갔다.

상업이라고 해서 예외가 아니었다. 1887년부터 외국상인들 특히 청·일 상인들이 조선에서 활발한 상업활동을 벌였다. 이들은 조선에 대한 자국의 정치적 힘과 영향력을 배경 삼아 개항장을 벗어나 내륙을 자유로이 다니면서 장사했다. 결과적으로 이들의 활동은 영세한 조선 상인의

사진 1   1900년대초 군산항 (일본으로 반출되는 쌀이 쌓여 있다)

활동 기반을 위협하였다. 나아가 청·일 상인들은 자본선대(資本先貸)의 방법으로 물품생산지와 포구(浦口)의 객주(客主)를 자신들의 지배하에 끌어들이고 객주 휘하의 영세한 상인까지도 지배하에 두기에 이르렀다.

결국 아무런 대안과 준비없는 문호개방 속에서 농촌의 양극 분화는 심화되었고 영세한 수공업자와 상인들은 경제적으로 몰락하거나 외국자본의 손아귀에 놓이는 결과에 처하였다.

지금까지 본대로 19세기 후반 조선은 통치질서의 파탄을 맞았고, 그런 가운데 농민들은 가혹한 수탈에 시달렸다. 조선 팔도의 농민들이 예외 없이 이런 형편에 처해 있었다. 그러나 산업의 거의 전부가 농업이던 때, 농업의 중심지였던 까닭에 호남지역의 농민들은 보다 극심한 수탈을 겪어야 했다. 당시 서울에서는 "자식 낳아 호남에서 벼슬살게 하는 게 소원이다"는 노래가 유행했다. 물산이 풍부한 호남에 아들을 수령으로 보내어 넉넉하게 재산을 쌓았으면 좋겠다는 것으로써, 이 노래는 바로 국가의 통치기강이 무너지고 지방관리의 학정이 벌어지던 상황, 특히 전라도에서 가혹한 수탈이 자행되던 현실을 담고 있다.

서울에서 그런 노래소리가 커져가는 것에 비례하여, 전라도에서는 "났네 났어 난리가 났어 에이 참 잘되었지 그냥 이대로 지내서야 백성이 한 사람이나 어디 남아 있겠나"하는 농민들의 난망가(亂亡歌) 소리가 높아 가고 있었다. 동학농민혁명이라는 대변혁 운동이 팔도 가운데 호남에서 준비되고 시작될 수밖에 없었던 상황을 설명해 주는 하나의 실마리가 아닐까?

어떻든 수탈과 궁핍에 견디다 못한 백성들은, 마을을 떠나거나 유리걸식하는 소극적 형태로 또는 관에 소장을 올리는 합법적인 방법으로 또는 물리력을 동원한 봉기의 형태로 저항하였다. 농민들의 무력 봉기를 민란(民亂)·민요(民擾)·농민봉기·농민항쟁이라 부르는데, 이것이 농민 저항의 대표적인 형태였다. 기본적인 생존권을 요구하는 농민들의 무력 봉기는 19세기 내내 전개되었으며, 19세기의 후반인 철종과 고종 때에 집중적으로 일어났다. 이렇듯 농민들의 저항은 1세기 가량이나 계속되었지만, 그들의 생계여건은 조금도 나아지지 않았을 뿐더러 더욱 악화되는 가운데 1894년을 맞게 된다.

2) 농민혁명 주체세력의 형성

(1) 19세기의 농민봉기, 그 한계와 의미

19세기 사회·경제상은 한결같이 농민대중의 삶을 위협하는 것이었고, 이에 농민들은 생존을 위해 다양한 투쟁을 전개하였다. 지주에 대해서는 지세(地稅)를 조직적으로 체납하거나 아예 거부하는 항조(抗租)투쟁을 벌였다. 국가에 대해서는 농민들이 모여서 악덕 관리나 지주에 대해 나쁜 소문을 퍼뜨림으로써 그들의 수탈에 반대하는 와언(訛言)투쟁, 밤에 횃불을 들고 산에 올라가 부정수탈에 항의하는 거화(擧火)투쟁, 집회를 통해 고을행정의 부당성과 관리의 부정·비리를 성토하고, 해당 관아나 상급관청인 감영(監營)에 소지(所志)를 올리는 정소(呈訴)운동 등을 전개하였다. 그러나 수탈에 대한 투쟁의 최고형태는 앞서 말한 대로 무력을 동반한 농민봉기였다.

농민봉기가 집중적으로 일어나기 시작한 것은 철종 때였다. 철종 13년(1862) 한 해만도 37개 지역에서 37회에 걸친 봉기가 일어났는데, 이를 통칭하여 '임술민란'이라고 한다. 임술민란을 지역별로 보면, 경상도 16개 지역, 전라도 9개 지역, 충청도 9개 지역, 경기도·황해도·함경도 각각 1개 지역에서 봉기가 일어났다. 경상도·전라도·충청도의 삼남지방에서 집중적으로 일어났던 것이다.

농민봉기의 전개양상은 지역의 여건에 따라 조금씩 달랐으나 대체로 다음과 같은 형태를 띠었다. 머리에 흰수건을 쓰고 몽둥이와 죽창으로 무장한 수십명에서 수천명의 농민들이 읍성을 습격하여 동헌(東軒)을 점령한 뒤, 수령을 쫓아내거나 수령의 인부(印符)를 탈취하고 감옥에 갇혀 있던 사람들을 풀어 주고 관아의 삼정대장(三政臺帳) 즉 세금장부를 불태우고 수탈을 일삼던 향리들을 잡아죽이고 그들의 집을 부수거나 불태우고 해당 군현에서 자행되던 폐단을 고쳐 달라고 요구하는 형태였다. 그러나 농민봉기에서 지방의 장관인 수령을 내쫓기는 해도 죽이는 일은 없었다. 당시의 농민들은 임금이 파견한 관리를 죽이는 것은 임금의 영(令)을 거역하는 즉 나라에 대해 반역을 도모하는 것으로 여겼기 때문이다. 농민들은 이렇게 해서 평소 품었던 불만과 원한을 해소하려 했을 뿐만 아니라, 때로는 자신들의 권익과 직접 관계되는 요구조건을 제시하고 그 조건이 관철될 때까지 집요하게 항거하기도 하였다.

농민들이 들고 일어나자, 처음에 정부는 수령 개인의 잘못으로 인한 삼정의 문란 때문에 봉기가 일어났다고 파악했다. 그리하여 봉기가 일어난 곳의 수령을 처벌하는 것으로 사태를 수습하려 하였다. 그러나 봉기가 경상도와 전라도에서 창권하다 충청도로 확대되자 정부는 점차 강경책을 강구하여 크고 작은 봉기를 가리지 않고 봉기 주도자를 효수(梟首)하는 강압적인 방법을 썼다. 하지만 이것이 근본적인 대책일 수 없었던 만큼 봉기는 그칠 줄을 모르고 확대되었다. 결국 정부는 농민봉기를 수습하기 위한 근본적인 방안을 마련해야만 했다. 그렇게 해서 모색된 방안이 삼정이정청(三政釐整廳)의 설치이고 삼정이정절목(節目)의 반포였다. 봉기를 불러온 삼정의 문란을 바로 잡는다는 것이었다. 이정청의 설치 직후에 정부의 의도대로 봉기는 가라앉는 듯했다.

그러나 삼정이정절목의 내용은 삼정을 부분적으로만 개선하겠다는데 그쳤다. 그나마도 반포된지 석 달도 못되어 시행이 중지되고 말았다. 이렇게 된데에는 삼정의 문란을 바로 잡겠다는 지배층의 의지가 미약했던데 이유가 있었다. 국가재정의 원천인 삼정을 근본적으로 개혁하는 것은, 지배층의 입장에서는 자신들의 이권(利權)을 잠식당하는 것이었기에 결코 바라지 않았던 문제였던 것이다.

결국 삼정의 폐단은 계속되었고 옛 제도로 돌아간지 1년뒤인 고종1년(1864)부터 농민봉기는 다시 일어나기 시작하여 고종 25년(1888)부터는 전국적으로 만연하였다. 1894년 동학농민혁명이 일어나기 전까지 고종대의 농민봉기는 전국에서 60여차례에 걸쳐 발생하였다. 고종대에 농민봉기가 발생한 지역은 경상도·전라도·충청도·경기도·강원도·함경도·황해도 등이었다. 철종대의 봉기가 삼남 지방을 중심으로 발생한데 비해 고종대의 봉기는 전국적인 규모로 확대되었던 것이다. 고종대 봉기의 전개양상 역시 대부분 철종대 봉기와 같은 형태였다. 그런데 고종대에는 일반 봉기와 달리 수령을 살해하고 왕조에 반기를 드는 병란(兵亂)적 성격의 봉기가 전개되기도 하였다. 1871년 경상도 영해부(寧海府)에서 일어난 영해민란 또는 영해 이필제(李弼濟) 병란이 그 대표적인 것이었다.

그러면 이런 철종·고종대 농민봉기는 누가 일으킨 것인가? 그 중심세력은 말할 것도 없이 가난한 농민들이었다. 이들은 때로는 전직관리, 때로는 몰락한 양반의 지도에 힘입으면서 향촌사회에서 나름대로 영향력을 지니고 있는 사람들과 영세한 수공업자·상인 등을 동조세력으로 해서 농민봉기를 전개했던 것이다.

이들은 봉기를 통해 삼정의 폐단과 수세 담당자인 지방관리의 부정행위를 바로잡으라고 요구하였다. 즉 농민들의 요구는 국가의 조세문제에 집중되어 있었다. 이 시기 농민들은 자신들의 절실한 이해가 걸린 지주와의 문제나 여기에 결부된 신분관계의 문제는 주목하지 못한 한계를 보인 것이다. 더불어 19세기 농민봉기는 봉기 상호간에 연계를 맺지 못하고 개별적이었으며, 지도부가 농민층에 뿌리박지 못함으로써 봉기가 지속적·조직적이지 못했고 자연발생적 경향을 보였다. 이런 한계로 농민봉기는 모두 실패로 끝나고 말았다.

하지만 19세기 백여차례에 걸친 농민봉기는 대규모 농민항쟁이 일어날 수 있는 사회적 분위기를 형성시켰다. 또한 농민봉기의 실패에서 얻은 경험을 바탕으로 그 한계들을 극복하는 지도자가 성장하는 계기를 주었다. 결국 19세기 농민봉기는 동학농민혁명을 꽃피워 내는 토양이 되었던 것이다.

(2) 농민혁명 주체세력의 성장

지금까지 동학농민혁명을 일어나게 한 시대적 상황과 19세기 농민봉기에 대해 말했다. 그러나 이것만으로는 여전히 동학농민혁명이 왜 어떻게 일어났는가를 다 설명했다고 할 수 없다. 이것이 전부라면 같은 시기 비슷한 현실속에서 농민혁명은 왜 전라도에서 시작되었는가, 한 세기 동안이나 지역(郡縣)을 단위로 산발적으로 일어나던 농민봉기가 왜 이때에 와서는 전라도 전역이 동참하고 나아가 전국적으로 전개될 수 있었는가 등 동학농민혁명의 특성을 제대로 해명하기 어렵다.

시대적 배경은 농민혁명이 일어날 필요조건만을 말한 것이어서 농민혁명을 일으킨 주체의 형성에 대한 설명을 빠트리고 있다. 또한 19세기 농민봉기 만으로는 농민혁명 주체세력의 성장과정을 충분히 설명할 수 없다. 앞서 말한 대로 당시의 사회·경제적 조건 속에서 농민대중은 일찍부터 봉기할 수밖에 없었는데, 문제는 그것이 지닌 한계였다. 거의 대부분의 농민봉기는 한 개 군현을 단위로 일어나서 그 지역을 넘어서지 못했고, 내용도 삼정의 폐단과 관리의 가렴주구(苛斂誅求) 시정을 요구하는 정도에 한정되었다. 그러나 동학농민혁명은 농민봉기의 그런 한계를 규모와 내용 등 모든 면에서 훌쩍 뛰어넘은 대규모 농민항쟁이었다.

그러면 동학농민혁명이 19세기 농민봉기의 한계를 뛰어 넘을 수 있게 한 주체적 동력은 어디서 온 것인가? 이것에 대한 답이 바로 19세기 농민봉기와 동학농민혁명이 같은 시대적 조건에서 일어났지만, 규모와 내용, 성격에 있어서 큰 차이를 보인 이유이기도 하다. 그것은 근본적으로는 당시 농민대중의 사회변화와 개혁에 대한 강렬한 욕구에서 온 것이다. 하지만 보다 구체적이고 직접적인 요인을 말한다면 다음의 두가지를 들 수 있다.

먼저 '동학(東學)'을 주목하자. 1860년에 창도된 동학은 대중 지향적인 사상을 바탕으로 농민대중과 탄탄하게 결합하며 빠른 속도로 확대되었고, 1890년대 초에는 충청도와 전라도를 중심으로 전국적인 조직망을 형성하였다. 이런 동학의 조직망은 1894년 농민항쟁의 조직적 토대가 되었고, 이로써 농민혁명은 19세기 농민봉기가 보여 온 지역 분산적인 한계를 순식간에 극복하였다.

다음으로는 전봉준(全琫準)·손화중(孫化仲)·김개남(金開南)을 비롯한 전라도 동학교단의 변혁 지향적 인물들의 활동이다. 이들은 사회변화와 개혁에 대한 욕구를 농민대중과 공유하는 한편, 사회개혁을 실현하기

사진 2 동학농민혁명의 3대 지도자 전봉준, 손화중, 김개남

위해 동학을 종교사상의 자리에 안주시키지 않고 끊임없이 사회 변혁의 장으로 이끌어 냈다. 이를 통해 비로소 '1894년'에 '동학농민혁명'이 일어날 수 있는 필요충분조건이 갖추어진 것이다. 다음에서 이에 대한 내용을 자세히 살펴보자.

2. 동학의 창도와 공인운동

1) 동학의 확산과 억압

19세기 후반 조선사회는 안팎으로 심각한 위기에 직면해 있었다. 안으로는 파행적인 세도정치가 계속되면서 통치기강의 해이, 세금제도 운영의 문란 등 극심한 혼란이 진행되었다. 여기에 한꺼번에 수만명의 사망자를 내는 기근, 전염병과 같은 자연재해까지 주기적으로 겹쳐 사회적 혼란을 가중시켰다. 밖으로는 외국상선의 잦은 출몰로 인해 서양에 대한 긴장감이 고조되었으며, 그런 가운데 1860년 서양에 의해 중국의 북경이 함락되었다는 충격적인 소식이 전해지면서 조선의 조야는 서양세력의 침략에 대한 위기의식에 휩싸였다.

이같은 피폐와 위기의 와중에서 농민대중은 어딘가 의지할 곳이 필요하였고, 이에 따라 이들은 정감록(鄭鑑錄)적 도참(圖讖)사상, 미륵신앙과 같은 재래의 민간신앙이나 새롭게 번져 가고 있던 천주교 등에 몰두하기도 했다. 그러나 당시의 여러 사상들은 이들의 현실적인 의지처로 기능하는데는 한계를 보였다.

우선 조선 사상계의 지배적 위치에 있던 유교는 애초 양반지배층의 통치 논리를 뒷받침하는 것으로서, 기층민의 피난처가 되기에는 적합치 않았다. 주로 농민대중을 기반으로 성행했던 민간신앙은 개인적인 치병

이나 구복의 염원을 담아 줌으로써 파탄에 처한 농민대중의 삶을 위로
해 주었지만, 수령과 향리의 가렴주구와 같은 현실적인 폐해로부터 지켜
줄 조직체로 기능하지는 못하였다. 불교 역시 억불숭유(抑佛崇儒)의 국
가시책에 의해 쇠락을 거듭한데다 은둔적 성격으로 인해 현실적 의지처
로 기능하는데는 한계가 있었다. 천주교는 평등사상을 장점으로 하여 19
세기 후반들어 교세를 확장해 갔으나, 이질적인 내용으로 말미암아 아직
은 거부감이 훨씬 컸고 정부의 탄압도 심한 상태였다.

사진 3 동학 창도자 수운 최제우

이처럼 통치질서의 파탄으로 농민대중의 삶이 피폐되고 서양의 침략위협에 대한 위기감이 고조되는 현실에서, 이들이 의지할 만한 곳마저 마땅치 않을 때 새로운 종교가 창도되었다. 1860년 경주에 사는 수운(水雲) 최제우(崔濟愚)가 유교 사상의 한계를 극복하고 서양열강의 정신적 배경인 천주교에 대항하고자 '유·불·선(儒·佛·仙) 3교의 장점을 융합하여' 만든 동학이 그것이다. 동학은 여러 면에서 천주교의 장점까지도 취하였다.

동학은 '사람이 곧 하늘(人乃天)'이라는 인간 평등 사상과 새 세상이 열린다는 후천개벽(後天開闢)의 사상을 근간으로 하였는데, 그 요지는 신분에 관계없이 그 누구나 동학에 입도하여 성·경·신(誠·敬·信)을 다하면 시천주(侍天主)를 이룰 수 있고, 그와 같이 사람들이 천운(天運)에 순종하고 천도(天道)에 합치하면 내세가 아니라 현세에 조화롭고 정의로운 새 세상, 즉 지상천국이 이루어진다는 것이었다. 동학은 이와 함께 질병의 치료와 길흉에 대한 예언 등 현실구복적인 요소를 포함하였고, 척왜양(斥倭洋)의 민족적인 사상을 담고 있었다.

이러한 사상적 내용을 지닌 동학은 조선정부와 양반지배층의 입장에서는 체제를 위협하는 위험하기 짝이 없는 것이었다. 그러나 당시 농민대중의 입장에서 보면, 그것은 핍박받던 자신들의 의식과 염원을 그대로 수용하여 체계화한 것이었다. 이 때문에 동학은 창도되자마자 농민대중의 대대적인 환영을 받으며 순식간에 경상도 일대로 전파되었다. 그러나 동학을 체제를 위협하는 학문으로 지목한 조선정부가 1863년 12월 최제우를 체포하여 이듬해 3월 '어두운 곳에서 무리를 모으고 평세에 난을 꿈꾸었다'는 죄목으로 처형하고 그의 제자들 다수를 유배 보냄으로써, 동학은 불법시되어 지하로 숨어들 수밖에 없었다.

사진 4 동학 2대 교주 해월 최시형의 처형직전 모습(1898년)

최제우가 처형된 후 동학교단의 실질적 지도자가 된 해월(海月) 최
시형(崔時亨)은 정부의 탄압을 피해가면서 동학 전파에 온 힘을 기울
였다. 이에 힘입어 동학은 1860년대말 주로 강원도와 경상도 북부 산
간지역을 중심으로 하여 재건되었다. 그러나 최시형이 1871년 영해
이필제 병란에 직·간접적으로 연루되면서 동학은 또 한차례의 심각
한 타격을 받았다. 이후 강원도 깊숙한 곳으로 숨어든 최시형은 이곳

에서 『동경대전(東經大典)』·『용담유사(龍潭遺詞)』 등 경전을 간행하고 제의(祭儀)와 조직을 체계적으로 정비하는 등 동학교단의 기틀을 다졌다.

그리고 1880년대 초반 임오군란과 갑신정변 등으로 중앙의 정치 상황이 극심한 혼란에 빠져, 정부가 동학과 동학교도에 대해 대대적인 탄압을 펼 수 없는 틈을 타고 동학은 충청도로 활발히 전파되었다. 전라도의 경우는 1880년대 중반에 익산(益山) 등지에 동학이 뿌리내리기 시작하여 80년대 후반들어 전역으로 확대되었다. 1880년대를 기점으로 동학의 활동중심지가 산간 지역에서 인구 밀집지역이자 산업 중심지인 평야지대로 옮겨지는 큰 변화가 이루어진 것이었다.

1880년대 중엽 이후 충청도와 전라도 일대를 중심으로 동학교도들이 급격히 늘어나자, 이 일대 각 고을의 수령과 아전, 토호(土豪)들은 정부의 동학 금지령을 빙자하여 교도들의 재산을 다투어 수탈하였다. 동학교도들에 대한 수탈은 이전부터 있어 왔던 일이지만, 90년대에 접어들면서 가혹하게 일어났다. 이런 수탈에 대해 90년대 이전까지 동학교도들은 체포되면 속전(贖錢 ; 일종의 보석금)을 내고 풀려나거나 체포를 피해 달아나는 소극적인 방법으로 대처하였다. 동학교단으로서도 동학의 유무상자(有無相資) 정신에 따라 교도들로부터 속전을 거두어 주는 것 이외에는 달리 뚜렷한 대책이 없었다.

그러나 교세가 급격히 늘어나고 조직화되었으며 탄압과 수탈이 건디기 어려울 만큼 가혹해지는 상황에 이르자, 동학교단은 90년대에 들어서면서부터 변모된 움직임을 보이기 시작했다. 이때부터는 확장된 교세를 바탕으로 이른바 교조신원운동(敎祖伸冤運動)이라고 불리는 동학 공인(公認)운동을 공개적으로 전개하기 시작한 것이다.

2) 동학공인을 위한 공주·삼례집회

동학교단의 첫번째 집회운동은 1892년 10월 충청도 공주(公州)에서 열렸다. 교도들에 대한 관의 수탈이 계속되자 서인주(徐仁周)·서병학(徐炳鶴) 등 교단의 중견지도자들은 92년 7월부터 최시형에게 최제우 신원운동을 전개하자고 건의하였다. 최제우 신원운동이란 최제우의 죽음이 억울한 것이었음을 정부로부터 인정받자는 것이다. 만일 정부가 이를 받아들인다면, 그것은 동학을 인정하는 것이 된다. 즉 최제우 신원운동은 동학 공인운동인 셈이다. 중견지도부의 요구에 신중을 거듭하던 최시형은 마침내 이를 승낙하였다. 그리하여 10월 17일 최시형이 '신원의 방법을 찾으라'는 통문을 내린 것을 계기로 서인주 등의 주도하에 공주집회가 열렸다.

이 달 20일경 공주에 모인 1,000여명의 동학교도들은 충청감사 조병식(趙秉式)에게 소지를 올려, '근래 서양의 요사스러운 학문이 들어와 두메산골의 평민에까지 미쳐 삼강의 본분과 오륜의 질서가 있는 바를 알 수 없게 되니, 선생(최제우)께서 유불선 3교의 장점을 취하여 무극대도(無極大道 ; 동학)를 펴고 옛 것을 계승하여 미래를 여는 뜻으로 제자들에게 도를 전했으나, 사교(邪敎)로 몰려 죽임을 당한지 30년이 넘었는데도 신원하지 못하였다. 우리는 일본과 서양오랑캐의 해독에 대해 분노하며 성심수도를 통해 광제창생(廣濟蒼生)과 보국안민(輔國安民)을 원할 뿐이다'고 주장한데 이어, '지방관들이 동학교도에게 가하는 학정을 그치게 하고 임금께 최제우의 신원을 올려 줄 것'을 요구하였다.

이에 감사 조병식은 '동학은 정학(正學)이 아니라 사학(邪學)이다. 동학을 금한 것은 조정의 일이므로 감영에 호소할 일이 아니다'는 답을 내려 동학 공인을 임금에게 올려 달라는 요구는 거부하였다. 하지만 그는 충청도 각 지방에 공문을 내려 '동학은 나라에서 금하는 것이나 동학을 금단하는 과정에서 자행되는 폐단을 일체 중지할 것'을 명령하였다. 지방관의 토색질을 금지해 달라는 요구는 수용한 것이다. 비록 신원의 염원은 이루지 못했지만, 이는 단지 동학교도라는 이유로 지방관들로부터 공공연히 수탈당해야 했던 동학교도, 동학교단으로서는 큰 성과라 할 수 있다.

이러한 성과에 고무된 동학교단은 전라감영에도 소지를 올리기로 결정하였다. 그리하여 동학교단은 10월 27일 전라도 삼례역(參禮驛)에 도회소(都會所 ; 일종의 본부)를 설치하고 각 지방의 동학간부에게 다음과 같은 경통(敬通 ; 동학교단내의 공문)을 보내어 교도들을 거느리고 삼례역에 모이라고 지시하였다.

> …우리들은 대선생(최제우)의 제자로서 누가 원통함을 풀고 분함을 설욕하려는 마음이 없겠는가. 그러나 지금까지 39년 동안 지목을 받으면서 마치 죄지은 사람처럼 엎드려 왔던 것은 천운(天運)이 그러했기 때문이다. 이번에 충청감사에게 억울함을 호소하고 전라감사에게 의송단자(소장)를 내는 일도 또한 천명(天命)이다. 각 포(包)의 여러 접장(接長)들은 일제히 와서 모일 일이다. 만일 알고도 와서 모이지 않는다면 어찌 가히 수도하고 오륜을 강(講)한다고 할 수 있겠는가. …
>
> 임진 10월 27일밤 전라도 삼례도회소

이어 지도부는 '집회 소식을 알고도 참여하지 않는 교도들에게는 별단의 조치가 있을 것'임을 경고하였다. 이렇듯 삼례집회를 준비하는 동학교단의 입장은 공주집회때보다 강경해졌다. 11월 1일에는 전주 익산 여산 고부 남원 임실 등 전라도 대부분 지역과 그밖에 수원 등 각지에서 온 동학교도 수천명이 삼례역에 집결하였다.

이들은 2일에 전라감사 이경직(李耕稙)에게 소지문을 제출하였다. 그런데 주목할 사실은, "대선생 신원하기 위해 각도(各道)의 교인이 전주 삼례역에 모였을 때 … (전라)좌도의 유태홍(柳泰弘), (전라)우도의 전봉준씨가 자원 출두하여 관찰사에게 소장을 제출하였다"한데서 보듯이, 이 때 소지문을 제출한 이가 전봉준이었다는 점이다. 즉 삼례집회부터는 뒷날 농민혁명을 주도하는 전봉준 등 전라도의 동학 지도자들이 전면에 등장하고 있었던 것이다.

소지문의 취지는 충청감사에게 보낸 글과 마찬가지로 '최제우의 신원과 동학교도에 대한 수탈중지'를 강력히 요구하는 것이었다. 그러나 전라감사는 여기에 대해 아무런 답변도 내리지 않았다. 이에 삼례의 교도들은 7일에 전라감사에게 조치를 내려 달라고 독촉하는 소지를 다시 제출하였다. 그러나 전라감사는 독촉을 받고서도 어떤 조치를 취하겠다는 내용없이 '모두 물러가서 새 사람되라'는 제음을 내려보냈을 뿐이었다. 다만 충청감사가 그랬던 것처럼, 전라감사 역시 11일 각 읍에 공문을 내려 '동학금지를 핑계로 한 관속배의 (동학교도의) 재물 수탈을 일체 금하라'고 지시하였다.

이러한 조치가 취해지자 동학교단은 12일 각지의 교도에게 다음과 같은 경통을 내렸다.

충청감영과 전라감영에 다함께 소장을 낸 것은 대선생을 신원하자는데 뜻이 있었다. 황하의 물이 맑아지는 운수는 여전히 더디어서 도는 비록 나타났으나 억울함은 풀지 못하였다. 대저 우리 (동학)도인들은 성심을 배가(倍加)해서 다시 법헌(法軒 ; 최시형)의 지휘를 기다려 설원을 도모하도록 고심하는 것이 당연한 도리일 것이다. … 이제 몇가지 조항을 약속코자 하는데 도인 중에서 만일 이 약속을 어긴다면 당연히 죄책을 추궁할 것이다.
一. 이번 대선생의 신원은 힘쓴 만큼 성과는 얻지 못했으나 제자로서 취할 처신과 행사는 도리에 합당했다. 천리(天理)에 어김이 없어야 가히 신원을 얻을 것이니 이제부터 더욱 힘쓰자. …

一. 이번에 모인 것으로 사방에 좋은 평판이 커졌을 뿐만 아니라 충청·전라감
영에서 또한 공문을 하달하였으니 이제부터 (동학교도에 대한) 지목이 없
을 것이다. 그러나 사람의 마음은 헤아리기 어려우니 각도 각읍에서 다시
(동학교도라 하여) 지목한다면, 가벼운 것은 인근 각 접(接)에 알려 소장을
만들어 해당 관아에 내고 큰 것은 도소(都所)에 알려서 법헌께 보고, 감영
에 의송하여 바로 잡도록 하라. …

임진 11월 12일 완영도회소(完營都會所)

이처럼 동학지도부는 삼례집회의 성과를 스스로 높이 평가하면서 최
제우의 신원운동을 지속적으로 전개할 것과 최시형의 지시에 따를 것을
강조하고, 이어서 삼례에 모인 교도들에게 해산할 것을 지시하였다. 그
러나 삼례에 모인 동학교인 일부는 교단의 지시가 내려진 이후에도 완

사진 5 지금의 삼례역

전히 해산하지 않았다. 그것은 11월 21일자 전라감사가 내린 공문에서 '동학교도들이 아직 고향으로 돌아가 안접(安接)하지 않고 있다'고 한데 서 알 수 있다. 그런데 이보다 이틀 전인 19일에 동학교단에서 "복합상 소(伏閤上疏)하는 것에 대한 문제는 바야흐로 다시 논의할 터이니 마땅 히 하회(下回)를 기다려 지시에 따르라"는 통문을 내린 것을 보면, 이들 은 관은 물론이고 교단의 해산명령도 따르지 않는 가운데 복합상소와 같은 적극적인 대책 수립을 요구하였던 것 같다.

　이런 강경한 움직임은 동학 집회운동의 성격변화를 예고하는 것으로서, 이를 이끈 것은 바로 전봉준을 비롯한 전라도의 동학 지도자들이었다. 실 제로 전봉준 손화중 김개남 김덕명 등 전라도의 동학지도자들은 "(삼례 집회에 모인 군중이) 흩어질 때 전라도 교인 김개남 전봉준 김덕명 손 화중 외 수백인이 무장군수에게 빼앗긴 돈 천냥을 되찾기 위해 금구 원 평에 도착하니 무장 좌수와 이방이 천냥을 가져왔기로 이를 되찾아 물 러났더니…"라고 하였듯이, 삼례집회 단계에서부터 하나의 세력으로 결 합하여 관아의 부당한 행위에 대해 적극적으로 대응해 갔다.

3) 광화문 복합상소와 괘서사건

　동학교단은 동학 공인운동에 대한 교도들의 요구가 잇따르고, 동학 공인을 지방감영에 호소하는 것은 한계가 있다는 것을 인식하면서 정부 에 복합상소할 계획을 세웠다. 그리하여 동학교단은 삼례집회 직후, 복 합상소운동을 계획하고 있다고 각지에 알린 다음, 12월 6일 복합상소에 대비한 도소를 충청도 보은(報恩) 장내리에 설치하였다. 그리고 12월 중 순께 서울로 직접 올라가지 않고 정부에 소장을 올려, 동학이 이단이 아 님을 역설하고 충청도와 전라도 지역에서 관리들의 수탈이 극심하다고 하면서 정부의 공평한 조처를 요청하였다.

그러나 이같은 상소에 정부의 대답이 없자, 동학교단은 서울로 올라가 상소할 준비를 갖추었다. 그리하여 1893년 1월 청주(淸州) 송산리에 있던 손천민(孫天民)의 집에 봉소도소(奉疏都所 ; 소장을 올리기 위한 본부)를 설치했다. 봉소도소는 정부에 신원운동을 추진키로 했음을 각지에 통문으로 알린 다음, 서병학을 2월 초순 서울로 보내 도소를 정하도록 했다. 다른 동학의 지도자들은 2월 8일 과거를 보러 올라가는 선비처럼 차려입고 일제히 상경했다. 이 무렵 서울에는 동학교도 수만명이 서울로 몰려올 것이라는 소문과 동학교도들이 외국인을 배척하고 몰아내기 위해 상경한다는 소문이 널리 퍼져 있었다.

복합상소는 2월 11일부터 시작됐다. 박광호(朴光浩)를 소수(疏首)로한 복소참여자 40여명은 3일동안 상소문을 받들고 광화문 앞에 나아가 엎드려 호소하였다. 동학의 공인을 정부에 정식으로 요청한 것이다. 그러나 정부는 상소절차가 잘못되었다며 상소 접수조차 거부하였고, 고종은 14일 '집으로 돌아가 생업에 안주하면 원하는 바를 따라 해주겠다'는 내용의 구전(口傳)을 내렸다. 이는 사실상 해산명령과도 같은 통고였다. 이처럼 교단은 궁궐 앞 복합상소에서도 아무런 성과도 얻지 못했다. 이후 오히려 "이단을 내세워 야료를 부리는 자들은 선비로 대우할 수 없으며 나라법에 따라 죽임을 내릴 것이다"는 전교와 함께 상소 주동자에 대한 정부의 탄압이 뒤따랐을 뿐이었다. 말하자면 1892년 10월부터 벌여 온 신원운동은 복합상소에서 아무런 성과를 얻지 못함으로써 일단 원점에 서게 된 셈이다.

한편 복합상소가 진행되는 기간과 그 직후에 서울의 외국 공사관과 교회당에 서양인과 일본인을 강력하게 배척하는 괘서(掛書 ; 대자보)들이 나붙었다. 2월 14일 미국인 선교사 기포드의 학당에 붙은 괘서를 시작으로 한달여동안 잇따라 발생한 괘서사건은 국내외에 커다란 파문을 일으켰다. 특히 광화문 복합상소 이전부터 수만명의 동학교도들이 외국인을 몰아내기 위해 상경한다는 소문이 널리 퍼져 있던 상황이어서, 괘서는 외국인들을 불안과 공포에 떨게 했다. 서울주재 외국공관에서는 일이 터질 것에 대비해 본국과 연락을 취하고 자국 거류민의 철수를 준비하는가 하면 조선정부에 대책을 촉구하는 등 바쁘게 움직였다.

서울에서 발생한 외국인 위협 괘서는 4건으로, 미국인 선교사 집에 2건, 프랑스·일본 공사관에 각 1건의 괘서가 붙었다. 이 괘서들은 서양의 기독교 침투와 일본의 세력확장에 강한 증오심을 담고 있었다. 이 가운데 두가지만 살펴보자.

다음은 2월 18일 미국인 존스의 집 교회당에 나붙은 괘서이다.

교두(敎頭 ; 신부와 목사) 등을 효유하노라. … 교회의 설립과 포교는 조약에 허용되지 않은 것인데 너희 교두들은 방자하게 잇따라 들어와서 겉으로는 상제(上帝 ; 하느님)를 공경한다고 하면서 단지 기도로서 꾸밀 뿐이고 예수를 믿는다고 칭하면서 단지 찬송하는 것으로 법을 삼아, 정심(正心)·성의(誠意)의 학(學)은 전혀 없고 말을 실천하고 행실을 돈독히 하는 실(實)은 조금도 없다. … 타일러 이르노니 너희들은 빨리 짐을 꾸려 본국으로 돌아가라. 그렇지 않으면 충신(忠信)·인의(仁義)한 우리는 갑옷, 투구, 방패를 갖추어 오는 3월 7일에 너희들을 성토하겠노라.

다음은 3월 2일 일본공사관 앞벽에 붙은 괘서다.

일본 상려관은 펴 보아라. … (천지가 자리잡은 뒤) 사람들은 그 사이에서 국경을 그어 나라를 만들어 삼강을 정하고 오륜을 이루었도다. … 너희들은 비록 변두리에 살고 있으나 받은 성품은 하나의 이치라는 것도 모르는가. 이미 사람의 도리가 정해졌으니 곧 각 나라의 통치에 따라 생업을 보전하며 구역을 길이 보전, 위로는 부모를 공양하고 아래로는 자식을 기르는 것이 옳을 것이다. (그런데) 아직도 탐욕스런 마음으로 다른 나라에 웅거하여 공격하는 것을 으뜸으로 삼고 살육을 본업으로 삼으니 진실로 무슨 마음이며 필경 어쩌자는 것인가. … 하늘은 너희들을 증오하며 우리 스승님은 이미 (너희들을) 경계하였으니 안위(安危)의 기틀은 너희가 취함에 달려 있다. 뒤늦게 후회하지 말고 빨리 너희 나라로 돌아가라.

괘서가 모두 익명으로 된데다 당시 배외(排外)감정이 조선사회 전반에 퍼져 있었기 때문에, 괘서의 내용만으로는 이 배외운동을 주도한 세력이 누구인지 단정짓기는 어렵다. 그러나 복합상소가 전개될 때, 삼례에 모여 있던 이들이 전라감사에게 '동학을 사도(邪道)로 칭하지 말고 외국 선교사와 상인을 모두 나라 밖으로 쫓을 것이며 탐학한 지방관리를 제거하라'고 요구한데 이어, 그 일부가 상경했다. 이 점을 고려하면, 괘서사건은 동학교단의 온건하고 합법적인 상소운동에 만족하지 못했던 이들, 즉 전봉준을 비롯한 전라도 동학교단의 혁신적 지도자들이 주도했음이 확실하다.

4) 보은·금구집회

광화문 복합상소 직후 교단의 중심세력은 동학도소가 있는 보은과 청산(靑山) 등지로 내려갔다. 최시형은 곧바로 팔도의 모든 교인들은 보은 장내리로 모이라고 지시했고, 이어서 보은의 동학지도부는 3월 10일 보은의 성문밖에 통고문을 붙였다. '동학창의 유생'이라는 이름으로 내걸린 이 통고문에는 "지금 일본과 서양오랑캐가 나라 한가운데 들어와 큰 난리를 칠 지경이다. 진실로 지금 서울의 형편을 보건대 끝내 오랑캐의 소굴이 되는지라 … 우리들 수만이 죽기로서 힘을 합하여 일본과 서양오랑캐를 쓸어 대보(大報)의 의리를 본받고자 한다"고 써 있었다. 척왜양(斥倭洋) 의식이 전면에 드러난 통고문이었다. 보은집회는 이렇게 최제우의 신원 대신에 척왜양의 기치를 전면에 내걸며 시작되었다. 동학 집회운동이 동학의 공인요구라는 종교적 성격과 함께 정치적 성격을 띠어 갔던 것이다.

보은에 모이는 행렬은 3월말까지 지속되어 동학교인 2만여명 정도가 집결했다. 관에서 파악한 것만 보아도, 경기도의 수원 용인 양주 이천 안산 송파 안성 죽산, 강원도 원주, 충청도의 청안 진천 청주 목천 옥천 영동 청산 비인 연산 진잠 공주 문의 태안, 전라도의 함평 남원 순창 무주 태인 영광 장수 영암 나주 무안 순천, 경상도의 성주 선산 상주 김산 안동 하동 진주 인동에서 교인들이 보은집회에 참여했다. 전국 각지에서 동학교도가 모인 것이다.

관의 보고에 따르면 여기에 모인 이들은

재기(才氣)를 갖추고서도 뜻을 얻지 못해 불평불만에 차 있는 자, 탐관오리가 날뛰는 것을 분하게 여겨 백성을 위해 목숨을 바치려는 자, 외국 오랑캐가 우리의 이권을 빼앗는 것을 분통하게 여겨 망령되이 그들을 내쫓는다고 큰소리치는 자, 탐욕스러운 관리의 수탈과 학대를 받아도 호소할 곳이 없는 자, 서울과 지방 토호의 횡포에 시달려 스스로 목숨을 보전할 수 없는 자, 죄를 짓고 도망하는 자, 감영과 군현의 관속(官屬)으로서 의지할 곳이 없어 흩어져 살던 자, 농사를 지어도 쌀 한톨도 남지 않고 장사를 하여도 한푼도 남길 수 없는 자, 무지몽매하여 풍문을 듣고 즐겨 들어온 자, 모진 빚 독촉을 견디지 못하는 자, 상놈이나 천민으로 출세해 보려는 자

등이었다. 이를테면 보은에는 동학교도 이외에도 당시 사회구조에 희생되거나 큰 불만을 가진 농민대중이 모여 집회군중을 이룬 것이다.

　이들은 산아래 평지에 성을 쌓고 그 안에서 대오를 정비하며 '척왜양
창의(倡義)'라고 쓴 깃발을 내거는 한편, 새로운 방문(榜文)과 통문을
냈다. 이에 당황한 보은군수는 해산 명령을 내렸지만, 보은의 교인들은
'창의함은 오직 척왜양에 있으니, 비록 관령(官令)이라고 그칠 수 없다.
또 동학은 처음부터 사술(邪術)이 아니며, 설사 사술이라 일러도 임금이
욕당하고 신하가 죽는 지경에 이르러서는 충의(忠義) 하나 뿐이니, 각처
유생이 한마음 한뜻으로 죽음을 맹세하고 충성을 다하고자 한다', '일본
과 서양오랑캐를 치겠다는 선비를 죄주어 가둔다면 화(和)를 주장하는
매국자를 상준단 말인가. … 혹 미혹한 자가 관령에 순종하여 왜양(倭
洋)의 심복이 될까 두렵다'는 글을 내어 해산령을 거절하면서 척왜양
의지를 더욱 강력하게 드러냈다.

　그러나 보은집회는 얼마가지 않아서 있는 듯 없는 듯이 끝나 버리고
말았다. "지금에 이르러 백성들이 도탄에 빠진 것은 방백수령의 탐학무
도함과 세호가(勢豪家)의 무단(武斷)에 있으니 만약 지금 이를 씻어 버
리지 못하면 어느 때에 나라의 태평성세와 백성의 편안함이 있겠는가"
며 집회군중이 아직 기세를 올리던 때, 정부는 3월 25일 충청감사 조병
식을 파직하고 집회군중을 해산시킬 선무사(宣撫使)로 어윤중(魚允中)을
보내는 한편, 충청병사 홍재희(洪在羲, 홍계훈)에게 군사 3백명을 이끌
고 보은으로 가게 했다. 4월 1일 어윤중이 보은군수 등과 함께 찾아와
'탐학한 관리들을 엄히 징벌할 것이니 (너희들은) 각자 집으로 돌아가라.
만약 이후에도 흩어지지 않으면 다시는 용서하지 않을 것이다'는 임금의
윤음을 읽고 해산하라고 명하였다.

　이에 동학지도부는 "각하께서 친히 임금의 말씀을 포고하시니 어찌
감히 받들지 않겠습니까. 뜻을 밝히 받들어 향리로 해산하겠습니다. 각
하께서 이 수만 생령을 살리셨습니다"고 답하며 3일안에 해산하기로 약

속하였다. 그러나 최시형·서병학 등 동학지도부는 수만명의 교도를 남겨 두고 곧바로 밤을 틈타 보은을 빠져나갔다. 이튿날부터 보은에 모인 군중 역시 하나씩 해산하기 시작하였다. 이처럼 보은집회를 이끈 동학지도부는 사회변화를 갈망하며 전국에서 모여든 2만여명의 세력을, 뚜렷한 성과없이 너무도 쉽사리 흩어 보내고 말았다. 동학지도부는 시대인식과 역량 면에서 한계를 드러냈던 것이다.

그러나 이같은 한계에도 불구하고 보은집회는, "우리는 단 하나의 병기도 가지고 있지 않다. 서양 각국에는 민회(民會)라고 하는 것이 있어서 국가에 불편부당한 일이 있으면 의회에서 회의를 해서 그 불편을 해소한다. 우리는 그런 민회이다"고 하며 집회의 정당성을 강조하는 등 크게 진전된 민권(民權)의식을 보였고, 또 종교운동에 그치지 않고 정치적 성격까지 띠어갔다는 점에서, 나름대로 시대정신에 부합된 면모를 보였다고 할 수 있다.

사진 6 보은 장내리 전경

동학지도부의 해산에 이어 군중들도 각 지역으로 돌아가기 시작하자, 4월 3일 어윤중은 보은집회가 완전히 해산하였음을 정부에 보고하였다. 그런 다음 자신은 전라도 금구(金溝)로 발걸음을 옮겼다. 그것은 보은집회가 열리던 바로 그때, 전라도 금구에서도 척왜양을 주창하는 집회가 열리고 있었기 때문이다. 다음을 보자. 이는 고종 30년(1893년) 3월 27일자 『일성록(日省錄)』 기사인데, 김문현(金文鉉)이 전라감사로 새로 부임하기 직전에 고종과 나눈 대화 내용이다.

> 고종이 가로되 "호남은 왕조가 일어선 터전이고 어진(御眞 ; 태조 이성계의 초상화)을 모신 경기전(慶基殿)이 있어 다른 지방과 달리 소중하고 나라살림의 창고와도 같은 곳이다. 근래에 이르러 어찌된 까닭인지 풍속이 타락하고 인심이 간사하고 교활해져 동학의 무리가 창궐하여 날뛴다고 하니 백성들을 안도하게 할 계책과 (창궐한 무리를) 없애 버릴 방책을 경이 판단하여 처리토록 하라." 문현이 답하기를 "신의 역량이 보잘 것 없어 제대로 보답하지 못할 듯 하오나 이른바 비도(匪徒)들이 날뛴다는 것은 참으로 변괴라 할 것입니다." …고종이 이르기를 "호남에서도 금구에 가장 많다고 하니 전주감영에서 어느 정도 거리인가. 먼저 그 소굴을 격파하여 금지하고 쓸어버리는 방도를 삼도록 하라." 문현이 답하기를 "30리 가량 되는데 금구 원평에 과연 취당(聚黨)하고 있다고 하옵니다."

또 다른 기록에서 '계사년(1834년) 4월 동학군 4, 5만명이 일부는 호서(湖西)의 보은 장내에 모여 있고 일부는 호남의 금구 원평에 모여있다'고 하였다. 말하자면 보은집회와 동시에 금구에서도 상당한 규모의 집회가 열렸던 것이다.

금구집회에는 수천명이 모였는데, 이들 역시 보은에 모인 군중이 해산했다는 소식을 듣고 곧 흩어졌다. 금구에 모인 군중들이 어떤 활동을 펼쳤는지는 직접적인 자료가 없어 확실히 알 수 없다. 다만 이들의 행동은 보은집회를 주도한 서병학이 선무사 어윤중에게 은밀히 말한 대목에서 간접 확인된다.

서병학은 보은집회의 해산을 독촉하는 어윤중에게 "호남취당(호남에 모인 군중)은 얼핏 보면 우리와 같지만 종류가 다릅니다. 통문을 돌리고 방문을 내건 것은 모두 그들의 소행입니다. 그들의 하는 바가 극히 수상하니 원컨대 공께서는 자세히 살피고 조사 판단하여 그들과 우리를 혼동하지 말고 옥석(玉石)을 구별해 주십시오"라고 하였다. 이같은 서병학의 진술로 볼 때, 금구의 집회군중은 척왜양을 내세우기는 했으나 여전히 합법적인 테두리 안에 머물며 집회운동을 전개하는 보은집회 지도부의 미온적인 노선에 적극 공감하지 않았던 게 분명하다.

아직은 그 실상이 낱낱이 드러나지는 않았지만, 금구집회는 보은집회보다 한층 정치적 지향이 강한 것이었다. 그리고 이를 주도한 것은 삼례집회 이후에도 흩어지지 않은 채 서울의 괘서사건을 조종했던 전봉준 등 전라도의 동학 지도자들이었다. 요컨대 동학의 집회운동 과정에서 전봉준 등 전라도의 동학 지도자들이 서서히 전면에 나서기 시작했고, 이들은 강력한 정치적 지향으로 무장한 가운데 집회운동의 성격을 변화시키며 새로운 차원의 활동을 향해 갔던 것이다.

제 2 장
3월 봉기, 고부에서 전주성까지

제 2 장 3월 봉기, 고부에서 전주성까지

동학농민혁명의 전개과정은 대체로 4단계, ① 고부농민봉기(1894년 1‐3월) ② 3월 봉기(3‐5월) ③ 집강소시기(5‐9월) ④ 9월 재봉기(9‐12월)로 구분된다. 일부에서는 고부농민봉기를 농민혁명 안에 포함시키지 않는다. 그러나 고부봉기의 인적·지역적 연속선상에서 3월봉기가 시작되었다는 점에서, 여기서는 3월 봉기에 묶어 설명하고자 한다.

1월초 고부에서 타오른 농민항쟁의 불꽃은 순식간에 전라도내 모든 지역으로 번져 갔다. 한 도(道) 전역이 항쟁의 무대가 되기는 1811년 평

사진 7 3월 봉기 기록화

안도 홍경래(洪景來) 병란 이후 처음이다. 이때야말로 탐관오리를 제거하고 폐정을 바로잡는 절호의 기회라고 여긴 농민군은 고부 황토재와 장성 황룡촌에서 관군을 연달아 격파하고 전라감영이자 조선왕조의 발상지인 전주를 점령하였다. 그러나 그 결실을 맺기 전에 청·일군대가 조선에 진출함으로써, 농민혁명의 국면은 새로운 방향으로 전환되었다.

1. 고부농민봉기

1) 사발통문과 봉기계획

1894년 1월 전라도 고부군(古阜郡)의 농민들이 봉기하였다. 고부군은 드넓은 평야와 해안까지 끼고 있어 곡창지대인 호남에서도 물산이 풍부하기로 손꼽히던 곳이다. 이곳에 1892년 4월 28일 조병갑(趙秉甲)이 군수로 부임한 이래, 온갖 불법적인 방법으로 농민들을 수탈한 것이 봉기의 직접적인 계기였다. 통치기강이 무너져 관직을 사고 파는 일조차 흔했던 당시에 지방관리의 부패와 수탈은 전국적인 현상이었으나, 조병갑의 경우는 그 정도가 훨씬 심하였다. 조병갑의 수탈은 그 방법과 수량을 일일이 열거하기 어려울 정도로 많았다. 몇가지만 예를 들어보자.

○ 그는 원래 있던 보(洑)를 허물고 농민들을 강제로 동원하여 임금도 주지 않고 새 보를 만든 다음 그 농민들에게서 수세(水稅)로 조(租) 700여석(石)을 거두었고, 보를 쌓으면서 개인 산에 있는 수백년된 나무를 마음대로 베어다 썼다.

○ 예전에 태인현감을 지낸 자기 아버지 조규순(趙奎淳)의 공적비를 세운다며

고부 농민들로부터 돈 1,000여냥을 빼앗았다.

○ 돈 가진 자들을 불효(不孝), 불목(不睦), 음행(淫行), 잡기(雜技) 등 갖가지
죄목으로 엮어 가둔 후 속전을 받고서야 풀어 주었는데, 그렇게 거둔 돈이
20,000여냥이었다.

○ 개간한 땅은 얼마간 세금을 면제해 주겠다는 문서를 써 주고서도 개간한
해부터 세금을 거두었다.

○ 세미(稅米)로 1결에 정백미 16두(斗)씩의 대금납을 받고 정부에는 나쁜
쌀을 사서 1결에 12두씩 보내어 그 남는 금액을 고스란히 자신이 챙겼
다.

이는 뒷날 전봉준이 법정에서 밝힌 조병갑의 죄상일 뿐이다. 고부농
민봉기 직후 정부에서 파견한 조사관도 이밖에 몇가지 항목을 더 붙여
조병갑의 죄상을 보고할 정도였다. 고부의 농민들은 군수 조병갑 뿐만
아니라 균전사(均田使) 김창석(金昌錫)과 전운사(轉運使) 조필영(趙弼
永)으로부터도 불법적인 수탈을 겪고 있었다.

1893년 11월 고부의 농민들은 이런 수탈에서 벗어나기 위해, 전봉준
을 추대하여 관에 제출할 소장을 써 달라 하고 대표 40인이 조병갑을 찾
아가 수세를 줄여 달라고 진정하였다. 농민들로서는 합법적인 노력을 기
울인 것이다. 그러나 조병갑은 오히려 농민 대표들을 붙잡아 처벌하는
등 학정을 그치지 않았고, 농민에 대한 수탈도 계속하였다.

그러던 11월 30일 조병갑은 익산군수로 발령났다. 그러나 조병갑은
고부에 머문 채 고부군수로 남기 위해 중앙과 전라감사에 줄을 대었다.
조병갑이 중앙의 풍양조씨 권력가의 일원이라는 사실때문에, 이후 이은
용(李垠鎔), 신좌묵(申佐默), 이규백(李奎白) 등 6명이나 되는 관리가 신
병 등의 핑계를 대고 모두 고부군수직을 사임했다. 그런가 하면 감사 김
문현은 '세금을 미처 다 거두지 못한 때에 수령을 교체하면 조세 수납업

무에 그르침이 있지 않을까 염려되니 (조병갑을) 고부에 머물게 해 달
라'는 보고를 정부에 올리는 상황이 벌어졌다. 이 무렵 즉 12월에 고부
군민 60여명이 전라감사에게 조병갑의 탐학 시정을 비롯한 폐정 개선을
호소하였으나, 김문현은 이를 짓밟고 조병갑을 비호하며 그의 재발령을
요청한 것이다. 이것만으로도 당시 관리들이 백성들을 어떻게 대했는지
충분히 짐작할 수 있다.

사진 8 만석보가 있던 자리

이처럼 1893년 11월과 12월 소장을 올렸으나 무위로 돌아가자 고부군민은 크게 분노했고, '더이상 요즈음의 지방관에게 공명 청렴을 기대할 수가 없다. 오히려 울분을 풀고 스스로 설욕할 수밖에 없다'는 말을 남기고서 고부로 돌아왔다. 말하자면 고부에서는 농민봉기가 폭발하기 직전이었던 것이다.

이렇게 항쟁 분위기가 무르익는 상황에서 전봉준 등은 이른바 '사발통문(沙鉢通文) 봉기계획'을 세웠다. 이는 매우 강력한 무력봉기 계획이

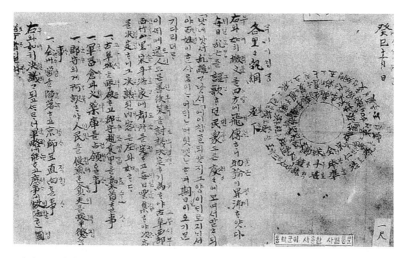

사진 9 사발통문

통문에는 이같은 내용에 덧붙여 이 거사를 주도한 20인(전봉준 송두호 정종혁 송대화 김도삼 송주옥 송주성 황홍모 최흥렬 이봉근 황찬오 김응칠 황채오 이문형 송국섭 이성하 손여옥 최경선 임노홍 송인호)의 이름이 적혀 있다. 이들의 이름은 둥근 사발을 엎어놓고 그 끝을 따라 원을 그리며 적혀 있는데, 이는 그 주모자가 드러나지 않도록 하기 위한 방안이었다. 이 통문을 '사발통문'이라 한 것은 이와 같은 형식 때문이다.

었는데, 그 내용은 다음과 같다.

> 각리 리집강 좌하(各里 里執綱 座下)
>
> 우(右)와 같이 격문(檄文)을 사방에 전하니 여론이 물끓듯하였다. 매일같이 난망(亂亡)을 부르던 민중들은 곳곳에 모여서 말하되 '났네 났어 난리가 났어 에이 참 잘되었지 그냥 이대로 지나서야 백성이 한사람이나 어디 남어 있겠나' 하며 그날이 오기만 기다리더라.
>
> 이때에 도인(道人)들은 선후책(善後策)을 토의 결정하기 위하여 고부 서부면(古阜 西部面) 죽산리 송두호가(宋斗浩家)에 도소를 정하고 매일 구름같이 모여 차례를 결정하니 그 결의된 내용은 다음과 같다.
>
> 一. 고부성을 점령하고 조병갑을 목베어 죽일 것.
>
> 一. 군기고와 화약고를 점령할 것.
>
> 一. 군수에게 아부하여 백성을 침탈한 탐리(貪吏)를 엄하게 징벌할 것.
>
> 一. 전주감영을 함락하고 서울로 곧바로 나아갈 것.

이 통문에는 특별히 주목할 내용이 담겨 있다. 그것은 이전의 '민란'에서는 생각하기 어려운 '군수살해, 감영 점령과 서울 진격'이 계획되었다는 점이다. 즉 전봉준 등은 고부농민봉기 계획단계에서부터 기존의 농민봉기와는 차원을 달리하는 확대된 봉기를 꿈꾸고 있었던 것이다. 또 통문에 있는 '난망가'도 관심을 끈다. 이 무렵 조선 각지에서는 '이 나라는 망한다. 꼭 망해야 옳다. 어찌 얼른 망하지 않는가' 하는 망국가(亡國歌)와 '어떤 좋은 운수라야 난리를 만날 수 있는가'는 탄식이 터져 나오고 있었다. 팔도의 농민들이 탐관오리의 횡포에 신음하고 있었던 것이다. 이런 점에서 사발통문에 적힌 각오와 계획은 사실 조선 농민들의 바람이었다고 할 것이다.

그러나 이런 봉기 계획은 인근 지역 농민들의 동참이 없이는 실현 불가능한 것이었다. 이에 전봉준은 확대된 봉기를 실현시키기 위해 인

근 무장현(茂長縣) 손화중과 그 휘하 세력을 주목하였다. 앞서 본대로
손화중은 전봉준과 이미 삼례집회 단계에서부터 밀접한 관계를 맺고
있었고, 나아가 전라도에서 최대의 동학세력을 형성하고 있던 인물이
었다. 손화중의 세력 형성과정과 규모를 상징적으로 보여주는 사건을
보자.

'1892년 8월의 일이다. 전라도 무장현 선운사 도솔암 남쪽 수십보쯤되

사진 10 사발통문 봉기계획을 세웠던 곳
(정읍시 고부면 신중리 주산)

사진 11 고창 선운사 도솔암의 미륵마애불

는 곳에 50여척이나 되는 층암절벽이 있고 그 절벽바위 전면에는 큰 불상 하나가 새겨 있었다. 전설에 의하면 그 석불은 지금으로부터 3,000년 전 검당선사의 진상(眞像)이라고 하며 그 석불의 배꼽속에는 신기한 비결(秘訣)이 들어 있다고 하며 그 비결이 나오는 날은 한양이 다된다(몰락한다)는 말이 자자하였다. … (손화중 휘하의 동학교인들이) 석불의 배꼽을 도끼로 부수고 그 속에 있는 것을 꺼내었다.' 이처럼 '손화중 포(包)에서 무장 선운사 석불속에 있는 비결이라는 것을 꺼낸 이후, 무장 고창 영광 장성 흥덕 고부 부안 정읍 등 여러 고을 사람들이 이민(吏民)

을 물론하고 수만명의 사람들이 쏟아져 들어왔다.' 이 이야기에서 우리
는 손화중의 세력확대에 관한 내용 뿐아니라, 농민혁명 직전의 사회 분
위기 즉 새 세상이 열렸으면 하는 농민들의 기대와 무장일대의 강경한
분위기 등을 느낄 수 있다.

전봉준으로서는 이런 손화중의 동참을 이끌어 내야 했고, 이를 위해
12월 비밀리에 무장으로 내려가 손화중을 만났다. 이 '무장회동'에서 두
지도자는 확대된 봉기의 필요성, 그 실현 가능성 등을 논의하였을 것이
다. 이에 대해서는 다음과 같은 기록이 전한다.

김흥섭(金興燮, 무장의 농민군 지도자)이 전봉준 장군을 처음 알게 된 것은
1893년 12월 10일, 무장군 동음치 당산리(현 고창군 공음면)의 송문수(宋文洙)
씨 댁에서 全장군이 잠시 몸을 피하면서 동학교 접주 손화중, 김성칠(金聲七),
정백현(鄭伯賢), 송문수 등 네사람과 자리를 같이하고 전라감사 김문현의 폭정
에 거의(擧義)할 것을 약속, 기포(起包)를 모의할 때였다.

하지만 '무장회동'에서 전봉준은 손화중의 동의를 얻지 못했고, 결국
독자적으로 봉기에 나설 수밖에 없었다.

2) 고부농민봉기의 전개와 해산

고부농민들의 분노, 그리고 전봉준 등 지도부의 봉기계획 등을 알리
없는 정부는 1894년 1월 9일 조병갑을 고부군수로 특별히 머물도록 조
처하였고, 이를 신호탄으로 삼아 전봉준 등은 봉기계획을 실행에 옮겼
다. 즉 고부의 농민들은 1월 10일 말목장터에서 봉기하여 그날로 고부
관아를 점령하였다.

이들은 무기고를 헐어 무장하고 억울하게 갇힌 사람들을 풀어 주었

으며 창고를 열어 세금으로 거둔 양곡 1,400여석을 꺼내어 백성들에게 나누어주었다. 또 새로 쌓은 만석보(萬石洑)를 헐어 버리고 탐학한 향리를 처벌한데 이어 조병갑을 찾았으나 그는 이미 도주한 뒤였다. 관아에서 나온 농민들은 말목장터에 진을 치고 대장소(大將所)를 세우는 등 전열을 정비하였다. 사발통문의 3개 결의내용이 실행된 것이다. 이 봉기는 전봉준·김도삼(金道三)·정익서(鄭益西) 등이 주도하였고 여기에 각 마을의 행정 실무자들인 동장(洞長)과 집강 등도 적극적으로 동참하였다.

고부농민들의 봉기 소식을 접한 감사 김문현은, 자신의 책임을 면하기 위해 정부에 보고도 하지 않고 자체 수습에 나섰다. 그리하여 농민군처럼 위장한 감영군(監營軍)을 농민군 진영에 침투시켜 그 지도자를 체

사진 12 고부농민봉기를 재현한 모습(1994년)
뒤에 보이는 건물은 고부관아 자리에 세워진 고부초등학교이다.

포케 하였다. 그러나 이를 예상하고 대비한 농민군에게 오히려 감영군이
되잡혔다. 그제야 김문현은 봉기가 일어난 사실을 정부에 알렸다. 정부
는 2월 15일 조병갑을 체포하여 '민란을 부르고 국고를 횡령했다'는 죄
로 유배형에 처하고 김문현을 감봉 처분하였다. 이와 동시에 박원명(朴
源明)을 고부군수로, 이용태(李容泰)를 사건조사 및 수습책임자격인 안
핵사(按覈使)로 파견하였다.

　고부에 온 박원명은 처음부터 농민군을 달래어 해산시키는 쪽으로 방
향을 잡았다. 그리하여 그는 곧 "나의 목적은 오로지 백성을 휴양케 하
는데 있다. 지금으로부터 그대들 일당과 이 고을의 시정(時政)을 의논하
고자 하니, 민군 중에서 이부(吏部) 이하의 간부를 선발해 주기 바란다"
며 농민군을 적극적으로 설득하고 나섰다.

사진 13 백산에서 내려다 본 고부 들녘

한편 농민군은 감영군의 기습 직후인 1월 25일 백산(白山)으로 진을 옮겼다. 백산은 비록 해발 47m에 불과한 낮은 산이다. 그러나 백산은 고부들판이 한눈에 들어오는 곳이고, 부안, 김제, 정읍으로 통하는 교통의 요지로서, 삼한(三韓) 이래로 토성의 흔적이 남아 있는 전략적 요충지였다. 농민군은 집결과 감시에 유리한 백산을 근거지로 하여 2월 23일 고부군을 재차 점령하는 등 봉기를 한달여간 이어갔다.

그러나 농민군은 2월 말경부터 내부에서 의견차이를 보이며 동요하기 시작하였다. 전봉준을 비롯하여 처음부터 봉기를 계획하고 주도했던 지도자들은 농민봉기를 확대하고자 했다. 그리하여 전봉준은 2월 19일경 전라도 각 지역에 격문을 보내어 봉기에 나설 것을 촉구하였다. 격문의 내용은 다음과 같다.

> 백성을 지키고 길러야 할 지방관이 백성을 다스리는 도리는 알지 못하고 (오히려 자신의 자리를) 돈벌이하는 수단으로 여긴다. 이에 더하여 전운영(轉運營)이 창설되어 많은 폐단이 일어나 백성이 도탄에 빠지고 나라가 장차 위태롭다. 우리들은 비록 초야의 보잘 것없는 백성들이지만 나라의 위기를 차마 앉아서 지켜볼 수 없다. 원컨대 각 읍의 여러 군자들은 한목소리로 의를 떨쳐 일어나 나라를 해치는 적을 제거하여 위로는 종묘사직을 돕고 아래로는 백성들을 편안케 하자.

전봉준은 손화중, 김개남, 서장옥을 비롯한 전라도 일대의 지도자들에게 확대된 봉기의 실현을 호소하고 나선 것이다. 그리고 고부의 농민군에게는, 고부군을 넘어 함열에 있는 조창(漕倉)에 나아가 폐단이 많은 전운영(轉運營)을 부수고 전운사 조필영을 처벌하자고 하였다.

반면 향촌의 동장 등으로 이루어진 중간층 지도자들은 '봉기가 경계를 넘으면 반란이 된다'며 전봉준의 뜻을 거부하였다. 또한 이들은 박원명의 간곡한 설득을 접하고 봉기를 끝내기를 원했다. 봉기의 목표와 확대여부 등에서 지도부 사이에 차이가 생겼던 것이다. 이같은 농민군 내부의 동요와 박원명의 집요한 회유, 그리고 읍의 폐단 제거와 탐관오리의 처벌을 이루었다는 중간층 지도자들의 판단 속에서, 결국 고부의 농민군은 3월 초순 기본적으로 해산하였다. 봉기를 확대시키려던 전봉준 등의 계획은 일단 무위로 돌아간 것이다.

고부농민봉기는 이전의 다른 농민봉기에서는 찾기 어려운 특징적인 양상을 보였다. 무엇보다도 전봉준 등 농민군 지도부가 처음부터 확대된 봉기를 계획했고 실제로 인접지역으로 봉기를 확대하려 한 점은 대단히 주목해야 할 사실이며, 이외에 감영병의 기습 공격을 막아낼 만큼 철저한 준비가 있었던 점, 읍내와 백산으로 군진을 옮겨가며 두달이상 장기간 전개했던 점 등도 주목된다. 하지만 고부의 농민 역시 '난(亂)이 경계를 넘으면 역모가 된다'는 인식을 넘어서지 못함으로써, 전봉준을 비롯한 봉기 주동자들의 뜻과는 달리 해산의 길을 걸었던 것이다.

그러나 중간층 지도자들의 해산 결정은 즉시 잘못된 판단임이 드러났다. 그들의 기대와는 정반대로, 농민군이 해산하자마자 고부에서는 관군의 잔혹한 탄압이 자행되었다. 이에 대해 당시 한 관리는 "민군이 해산하여 농기를 잡은 지 10일도 못되어 (삼례에 있던) 안핵사 이용태가 역졸 800여명을 거느리고 고부에 들어와 신임군수 박원명을 위협하고 꾸짖으며 민요 우두머리를 찾으라 하였고 역졸들을 온 고을에 풀어놓았다. 이에 (역졸들은) 제멋대로 고을을 돌아다니며 부녀자를 겁탈하고 재산을 강탈하였으며 남자들은 닥치는 대로 때리고 물고기를 꿰듯이 묶어 가니 모든 군민의 통분이 뼈에 사무쳤다"고 기록하였다.

이용태는 안핵사로 임명된 후 줄곧 삼례에 머물며 아무런 활동도 하지 않았다. 이 점은 2월 26일 의정부에서 고종에게 보고한 다음의 글, 즉

"고부군의 민요에 이미 안핵사를 파견하였는데 그동안 어떻게 되어 가고 있는지 알 수 없고, 잇따라 들어오는 전라감사의 보고로는 난민들의 움직임이 갈수록 심하여 헤아릴 수 없다고 합니다"고 한데 잘 나타나 있다. 그런 그가 농민군이 해산하자 고부에 들어와 학정을 저질렀던 것이다. 그의 만행은 꺼져 가던 봉기의 불씨를 더욱 크게 되살리는 기름이 되었다. 뒷날 전봉준은 이때의 심경과 상황에 대해 "(해산한 후) 장흥부사 이용태가 안핵사로 고부군에 와서 기포(起包 ; 봉기)한 이들을 모두 동학도라 이르며 이름을 나열하여 체포하고 그 집을 불살랐으며 본인이 없으면 그 처자를 잡아 살육을 자행하였으므로 다시 기포하였다"고 밝혔다. 즉 이용태는 고부봉기가 고부봉기에서 그치지 않도록 만들었던 셈이다. 그리하여 그는 4월말 농민봉기를 키웠다는 죄로 유배형에 처해졌다.

아무튼 이용태의 탄압과 학정이 벌어지는 가운데 전봉준은 3월 13일경에 남아 있던 소수의 측근 농민군을 이끌고 고부를 떠나 무장의 손화중에게로 몸을 피했다. 고부농민봉기는 이렇게 막을 내렸고, 전봉준 등의 노력은 성과없이 끝을 맺는 듯했다. 그러나 그 불씨는 꺼지지 않고 보다 더 큰 항쟁, 즉 부패한 시대에 대한 농민대중의 총체적 항쟁으로 서서히 옮겨 붙고 있었다.

고부민군이 해산할 때를 전후하여 고부 이외 지역에서는 여러 반응이 나타나기 시작하였다. "음력 2월에 이르러서는 보국안민 창의대의라는 큰 깃발을 펄럭이며 완전히 반항의 결심을 보이기에 이르렀다. 그래서 사방 이웃이 이 기세에 휩쓸려 찾아와 가담하는 자가 많았고 칭하기를 동학당이라 하였다.", 또 "3월 11, 12일경 동학당 약 3천명쯤이 금구로부터 태인을 거쳐 부안으로 가는 것을 태인에서 볼 수 있었으며", "3월 12일 금산에서 동학도 수천명이 몽둥이를 들고 흰 두건을 쓰고서 읍내에 모여 아전의 집을 불태웠다." 격문 발송 이후 고부 바깥에서도 새로운 움직임이 일고 있었던 것이다.

2. 무장기포와 백산대회

고부에서 도피한 전봉준은 무장현의 손화중을 찾아갔다. 하필 무장으로 간 것은 손화중이 최대의 동학세력을 형성하였고 전봉준과 이전부터 친분이 있었다는 사실을 넘어, 두 지도자간에 확대된 봉기에 대해 사전에 논의했던 것이 요인이었다. 전봉준은 손화중에게 또 한 번 확대된 봉기의 실현을 호소했다. 이제 손화중으로서도 피할 수 있는 상황이 아니었다. 고부에서 동학교도에 대한 이용태의 만행이 자행되었고, 격문 이후 여러 지역에서 봉기 조짐을 보이는 데다 전봉준의 설득이 계속되자,

사진 14 무장 기포지

손화중은 마침내 봉기를 결정지었다. 고부농민봉기 단계에서부터 전봉준이 도모했던 확대된 봉기가 성사되는 순간이자, 농민항쟁이 새로운 차원으로 접어드는 순간이었다.

3월 16일부터 무장현 동음치면(冬音峙面) 구암리 당산마을 일대에 손화중 휘하의 농민군이 모이기 시작하였다. 이들은 3일동안 죽창을 만들고 민가에서 무기류를 빼앗아 오는가 하면, 동학에 반대하는 자들을 잡아다 처벌하고 군량미를 확보한 뒤 대오를 정리하였다. 이같은 행동에 당황한 무장관아에서는 농민군을 설득하여 해산시키려 했다. 그러나 농민군은 '조만간 다른 지역으로 가겠다'는 통보로 관아의 지시를 일축하였고, 무장관아의 힘으로는 이미 수천명에 이른 농민군의 기세를 막을 수 없었다. 준비를 마친 농민군은, 마침내 3월 20일 무장현 당산에서 창의문(倡義文 ; 布告文이라고도 한다)을 낭독하고 기포(起包)하였다. 다음은 무장포고문의 전문이다.

포고문
세상에서 사람을 귀하게 여김은 인륜(人倫)이 있기 때문이다. 군신부자(君臣父子)는 인륜의 가장 큰 것이라. 임금이 어질고 신하가 곧으며 아비가 사랑하고 자식이 효도한 후에야 비로소 집과 나라를 이루어 능히 무궁한 복을 누리게 되는 것이다. 지금 우리 임금께서는 인효자애하고 신명성예하시니 현명하고 어질며 정직한 신하가 보좌하여 정치를 돕는다면, 요순의 교화와 문경의 정치를 가히 해를 보는 것처럼 바랄 수 있을 것이다.

그런데 지금의 신하된 자들은 나라에 보답할 것은 생각하지 않고 한갓 봉록과 지위만을 도둑질해 차지하고 임금의 총명을 가리고 아첨과 아양을 부려 충성된 선비의 간언을 요망한 말이라 하고 정직한 신하를 일러 비도(匪徒)라 하니, 안으로는 나라를 돕는 인재가 없고 밖으로는 백성에게 사납게 구는 관리가 많아서 백성들의 마음이 날로 더욱 나쁘게 변해 가고 있다. 안으로는 삶에 즐거움이 없고 밖으로는 보호할 방책이 없다. 학정은 날로 커 가 원성이 그치지 아니하여 군신의 의리와 부자의 윤리와 상하의 분수가 드디어 무너져 하나도 남지 않았다.

관자(管子)가 이르기를, "예의염치(禮義廉恥)가 퍼지지 못하면 나라가 곧 멸망한다"했는데, 지금의 형세는 옛날보다도 더 심하다. 공경(公卿) 이하로 방백 수령에 이르기까지 국가의 위태로움은 생각지 않고 한갓 자기 몸을 살찌우고 제 집을 윤택하게 하는 것만 생각하여, 사람을 뽑아 쓰는 곳을 재물이 생기는 길로 보고 과거보는 곳을 교역하는 저자거리로 만들었다. 허다한 뇌물은 나라의 창고에 넣지 않고 도리어 사사로이 저장하였다. 나라에는 쌓인 빚이 있는데도 이를 갚을 생각은 하지 않고 교만하고 사치하고 음란하게 놀면서 두려워하거나 꺼려하는 바가 없으니 온 나라가 어륙이 되고 만민이 도탄에 빠졌다. 수령들이 재물을 탐하고 사납게 구는 것이 까닭이 있는 것이니, 어찌 백성이 궁하고 또 곤하지 않을 수가 있겠는가. 백성은 나라의 근본이라, 근본이 깎이면 나라가 쇠잔해지는 것이다. 보국안민의 방책은 생각하지 않고 밖에 향제(향제)를 세우고 오직 혼자만 온전하려는 방책에 힘쓰면서 녹봉과 지위만 도둑질하고 있으니, 어찌 옳은 이치이겠는가.

우리들은 비록 초야에 버려진 백성이나 임금의 땅에서 나는 음식을 먹고 임금이 주신 옷을 입고 있으니, 가히 앉아서 나라의 위태로움을 보고만 있을 수 없어, 온 나라가 마음을 같이 하고 억조창생이 머리를 맞대고 의논하여 이제 의기를 들어 보국안민으로써 죽고 사는 맹세를 하노니, 오늘의 광경은 비록 놀라운 일이나 절대로 두려워하거나 움직이지 말고 각자 그 생업에 편안하여 함께 승평한 일월을 빌고 모두 성상의 덕화를 바랐으면 천만 다행이겠노라.

창의문이 던진 충격은 대단히 컸다. 창의문이 세상에 알려지자 농민들은 "옳다. 인제는 잘되었다. 천리(天理, 하늘의 섭리)가 어찌 무심하랴. 이놈의 세상은 얼른 망해야 한다. 망할 것은 얼른 망해 버리고 새 세상이 나와야 한다"며 호응하였다. 일개 군현 단위의 농민봉기가 아니라 전국적인 농민혁명은 이렇게 시작되었다.

3월 20일 무장현을 떠난 전봉준·손화중의 농민군은 21일 고창현(高敞縣)을 거쳐 22일 흥덕현(興德縣)의 사포와 후포, 23일 부안현(扶安縣)

줄포를 지나 고부에 이르렀다. 이들은 고부군을 점령하고 향교와 관청 등에서 하루를 머문 다음, 24일 전략지인 백산으로 진을 옮겼다. 이때 무장현에서 출발한 농민군은 3,000 - 4,000명 정도였다. 이동 과정에서 전봉준·손화중은 정읍현(井邑縣) 인근 지역으로 농민군을 보내 무장기 포의 사실을 전달하고 봉기에 동참하라고 촉구하였다. 즉 무장현을 출 발, 고부군으로 향해 가던 전봉준·손화중은 봉기한 사실과 부대의 일 정을 태인현(泰仁縣)의 김개남 등 주요 농민군 지도자에게도 전달했고, 이에 김개남도 휘하의 세력을 이끌고 태인현을 출발하여 3월 24일경에 는 고부군 백산에 합류하였다.

김개남이 합류함으로써 마침내 전봉준·손화중·김개남 휘하의 농민 군이 집결, 연합 농민군이 완성되었다. 이 백산대회에는 고창, 무장, 흥 덕, 정읍, 태인, 금구, 김제 등지에서 온 8,000여명의 농민군이 참여하였 다. 즉 호남우도 지역의 농민군이 총봉기한 양상을 보였으며, 이들이 3 월 봉기 기간내내 농민군의 주력을 이루었다.

이 연합 농민군은 3월 25일 백산에서 전봉준을 총대장(總大將)으로, 김개남·손화중을 총관령(總管領)으로, 김덕명(金德明)과 오시영(吳時泳) 을 총참모(總參謀)로, 최경선(崔景善)을 영솔장(領率將)으로, 송희옥(宋 熹玉)과 정백현(鄭佰賢)을 비서로 정하는 등 그 지휘체계와 조직을 세 우는 한편, 격문(檄文)과 4대 명의(名義), 12개조의 기율을 잇따라 발하 였다. 먼저 격문을 보자.

우리가 의(義)를 들어 이에 이른 것은 그 본 뜻이 다른데 있지 아니하고 창 생을 도탄 가운데서 건지고 국가를 반석의 위에다 두고자 함이라. 안으로는 탐 학한 관리의 머리를 베고 밖으로는 횡포한 강적의 무리를 내쫓고자 함이라. 양 반과 부호에게 고통을 받는 민중들과 방백과 수령의 밑에 굴욕을 받는 소리(小 吏)들은 우리와 같이 원한이 깊을 것이니, 조금도 주저치 말고 이 시각으로 일어서라. 만일 기회를 잃으면 후회하여도 미치지 못하리라.

무장창의문이 백성들의 폭넓은 지지를 얻기 위해 유교적 이념체계 안에서 봉기의 명분을 찾은 데 비해, 이 격문은 봉기에 나서는 자신들의 뜻과 의지를 적극적이고 진솔하게 밝힌, 이를테면 농민혁명의 출사표(出師表)와도 같은 성격을 띠고 있다.

또한 "첫째 사람을 함부로 죽이지 말고 가축을 잡아먹지 마라. 둘째 충효를 다하여 세상을 구하고 백성을 편안케하라. 셋째 일본 오랑캐를 몰아내고 나라의 정치를 바로잡는다. 넷째 군사를 몰아 서울로 쳐들어가 권귀(權貴)를 모두 없앤다"는 내용의 4대 명의는 일종의 행동강령으로

사진 15 백산 정상에 세워진 창의비

서, 이는 농민봉기의 목적과 방향이 보국안민과 외세축출 그리고 탐관오
리의 제거에 있음을 잘 드러내고 있다.

그리고 12개조 기율은 "1. 항복하는 자는 대접한다 2. 곤궁한 자는 구
제한다 3. 탐학한 자는 추방한다. 4. 순종하는 자에게는 경복한다. 5. 도
주하는 자는 쫓지 않는다 6. 굶주린 자는 먹인다 7. 간사하고 교활한 자
는 그치게 한다 8. 빈한한 자는 진휼한다 9. 불충한 자는 제거한다 10.
거역하는 자는 효유한다 11. 병든 자에게는 약을 준다 12. 불효자는 죽
인다."는 것으로써, 농민군의 군사행동 원칙이라 할 수 있다. 이 행동원
칙은 적어도 3월 봉기 기간내내 충실히 지켜졌다. 이상과 같은 격문과 4
대 명의, 그리고 12개 기율의 포고는 바로 본격적인 농민혁명의 선포였
다. 비틀린 나라를 바로잡기 위한 농민 대중의 대장정(大長征), 부패한
정부와의 전면 대결을 향한 걸음이 시작된 것이다.

한편 무장기포와 백산대회 사이인 3월 23일 호남과 호서(湖西 ; 충청
도)의 경계를 이루는 진산현(珍山縣)에서도 농민군 1,000여명이 집결하
여 폐정의 개혁을 요구하였다. 이들은 이미 3월 12일부터 봉기 조짐을
보이던 이들로서, "서장옥 관하의 농민군으로 진산 방축점에 회소(본부)
를 세우고, 전봉준과 상하상응(上下相應)하는" 세력이었다. 이 진산현의
농민군은 고부 백산에 있는 주력 농민군이 전주방향으로 북상하던 것과
때를 맞추어 금산읍(錦山邑)에 돌입하다가, 4월 2일 금산현의 보부상대
(褓負商隊)에 격파되고 114명이 몰살당함으로써 주력 농민군에 합류하
지 못하고 말았다.

진산현 일대 서장옥 휘하 농민군의 움직임은 농민혁명의 시작과 관
련해서 시사하는 바가 크다. 이들이 봉기한 시점, 전봉준과 상응코자 했
던 점 등은 3월 봉기가 전봉준, 손화중, 김개남, 서장옥 사이에 사전 합
의된 것임을 보여준다. 다시 말해 3월 봉기는 전봉준·손화중이 봉기하

지도1 고부농민봉기에서 백산대회까지 농민군의 경로

는데 맞추어 태인일대의 김개남, 진산일대의 서장옥이 각기 호응하여 대대적으로 봉기한다는 지도부의 합의속에 추진된 것이다. 이들의 봉기시점이 일치하고 서로 호응했다는 사실 이외에도, 전봉준·손화중·김개남이 서장옥의 제자로 지칭되기도 한 점, 관에서 '전봉준·손화중의 농민군, 김개남의 태인 농민군, 서장옥의 진산 농민군이 동일체이며 이들이 3대(隊)로 나뉘어 서로 호응하고 있다'고 파악한 점도 이를 뒷받침해 준다.

다시 백산에 모인 농민군의 동향을 보자. 모든 준비를 마친 백산의
연합 농민군은 곧 전라감영이 있는 전주를 목표로 북상하여, 3월 26일
고부군 백산, 예동에서 태인현 용산면(龍山面)의 화호 신덕정리로 나아
갔다. 29일에 태인 관아를 점령한 농민군은 전주로 곧바로 가기 위해 4
월 1일 태인에서 금구현 원평으로 나아갔다. 이처럼 농민군이 대규모로
봉기하여 전주로 진격해 오는데 놀란 감사 김문현은 사태를 정부에 보
고하였다. 그런 한편 전주의 관속과 군교를 불러 모아 전주성의 서문과
남문을 지키도록 조처하고 감영병을 소집하였다.

감영군의 주력은 1893년 8월에 신설된 무남영(武南營)의 병력이었으
며, 여기에 전라도 각 고을에서 징발한 향병(鄕兵)과 보부상들이 다수
포함되어 2,000여명의 군세를 이루었다. 2일 감영의 병정대관(兵丁隊官)
이재섭(李在燮)은 포군을 거느리고, 송봉희(宋鳳熙)는 보부상을 이끌고
서문 밖 용머리고개를 지켰다. 3일에는 감영 병정령(兵丁領) 이경호(李
璟鎬 ; 李昆陽)와 전영교(前營校) 정창권(鄭昌權)이 각기 포군을 거느리
고 가세하였다. 이들은 곧 고부, 부안, 정읍 등지에서 전주로 들어오는
두 길목인 원평의 청도리 앞길과 금구의 대로를 지켰다.

금구현 원평까지 진출해 있던 농민군은, 관군이 전주 입구를 지키고
있는데다 또 관군 10,000여명이 내려온다는 소식이 들려 오자, 3일 부대
를 3대로 나누어 남하하였다. 1대는 부안현 서도면(西道面) 부흥역으로,
1대는 태인현의 인곡, 북촌, 용산 등지로 내려왔고, 나머지 1대는 원평
에 일시 잔류하였다. 4월 4일 원평에 남아 있던 농민군이 부안으로 내
려와 이미 부안에 와 있던 농민군과 합세하여 그 날로 부안현을 점령하
였다. 부안현을 점령한 것은 전봉준·손화중이 이끄는 4,000여명의 농민
군이었으며, 이때 태인의 용산 등지에 머문 2,000 - 3,000여명의 농민군
은 김개남이 이끌고 있었다.

3. 황토재와 황룡촌 전투

부안현을 점령한 농민군은 4월 5일 부안 성황산(上蘇山)으로 진을 옮긴 후 고부 천태산을 넘어 6일 고부 도교산(道橋山 ; 황토산)에 진을 쳤다. 태인에 있던 김개남 부대도 6일 도교산으로 진을 옮겨 전봉준·손화중 부대와 합류하였다. 전주 길목을 지키며 농민군의 움직임을 주시하던 관군도 추격을 시작하였다. 농민군이 남하하자 4일 전주 중군은 금구를 거쳐 태인으로, 원평 부근의 청도원을 지키던 정창권 등은 부안 줄포로 남하하였다. 그리하여 관군 역시 4월 6일에는 황토재 아래 진을 쳤다.

사진 16 황토현기념관 전경

도교산에 집결한 농민군은 3대로 나누어 세봉우리에 불을 놓고 관군과 대치하였다. 7일 새벽 세 곳의 불 중에 가운데 봉화만 남고 양쪽의 불이 꺼지자 관군은 농민군이 잠든 것으로 판단하고 기습 공격하였다. 농민군과 관군의 첫 전투는 이렇게 시작되었다. 그러나 관군의 공격을 기다린 농민군은 양쪽에서 관군의 퇴로를 차단하고 앞쪽에서 협공, 즉 삼면을 포위하여 관군을 대파하였다. 관군의 기습을 예상한 농민군은 협공의 계책으로 관군을 격퇴한 것이다.

반면 농민군이 관군을 먼저 공격하였다는 기록도 있다. "밤이 깊어 적(농민군)의 진영이 조용해지고 포 소리도 나지 않자 감영군이 의심이 나서 소나무를 쪼개어 불을 놓고 영채에도 가득히 불을 피우니 진영이 대낮과 같았다. 연기가 밖으로 자욱하고 마침 안개까지 끼어 사방을 분

사진 17 황토현에 세워진 동학농민혁명 기념탑

별할 수 없었다. 이때 갑자기 포소리가 콩튀듯이 나면서 탄환이 발밑에 떨어지니 관군이 삼(麻)대처럼 쓰러졌다. 적은 3면을 포위하고 한쪽 모퉁이만 터놓고서 크게 외치며 짓밟아 오니 관군이 일시에 무너졌다. 날이 밝자 안개도 끊겼다. 적은 향병인 흰옷 입은 자는 쫓지 않고 오직 감영군인 검은 바지 입은 자와 부상(負商)의 등에 붉은 도장 찍은 자만을 끝까지 쫓아 이를 갈고 마치 사사로운 원수를 갚는 것처럼 하였다"는 기록이 그것이다.

누구 먼저 공격하였든, 이 싸움에서 농민군은 적절한 책략까지 쓰며 승리를 거둔 반면 감영군은 큰 피해를 입고 참패하였음은 명백하다. 영관 이경호, 태인현 보부상의 우두머리 류병식(劉秉植), 서기 이은승(李恩昇) 등이 전투현장에서 죽었으며 대관 이재섭, 류수근(劉壽根), 집사 정창권, 교장 백경찬(白景贊), 진영교(陳永敎) 등은 겨우 몸을 빼내 도망쳤다. 또 조금 과장되기는 했지만, "관병과 보부상군은 다 죽어버리고 살아 돌아간 자는 불과 수십명이 되지 못하였다"거나 "감영군은 수천명이 죽고 살아남은 자는 사방으로 흩어져 도망하였다"는 기록도 전한다. 전라도의 감영군은 농민군과 치른 단 한 차례의 전투에서 궤멸적인 타격을 입었던 것이다.

황토재전투에서의 승리는 농민군에게 큰 의미가 있다. 관군과의 첫 전투에서 거둔 큰 승리였고, 농민군은 이로써 기세를 올리며 전라도 일대로 세력을 넓혀 갈 수 있는 기반을 마련한 셈이기 때문이다.

한편 전라감사의 보고를 받은 정부는 4월 2일에 홍계훈(洪啓薰)을 양호초토사(兩湖招討使)로 임명하여 장위영(壯衛營) 병정을 이끌고 전주로 내려가게 하였다. 홍계훈이 이끄는 800여명의 경군은 인천에 도착하여 4일 함선을 타고 호남으로 출발, 6일 군산포에 이르렀고 7일 전주에 입성하였다. 그러나 경군이 전주에 이른 시각은 이미 감영군이 패한 뒤

사진 18 황토현기념관의 전봉준 동상

여서 관군의 전력에 아무런 보탬도 되지 못하였다. 더욱이 이들 가운데 200 - 300여명은 농민군과 맞서기도 전인 12일 군진을 이탈하여 도망쳤다. 조선 정예군의 사기와 행적이 이러했다. 허물어질 대로 허물어진 조선 군대의 실상을 적나라하게 목격할 수 있지 않는가.

황토재전투에서의 승리로 농민군의 사기는 드높았다. 그런데 이들은 북상하지 않고 오히려 남하하는 길을 택했다. 관군을 격파한 후에도 남하를 거듭한 것은 전주에 경군이 들어와 있었기 때문이었다. 하지만 여기에는 전선(戰線)을 넓혀 세력을 확대하려는 농민군의 뜻도 담겨 있었다. 농민군은 7일 당일에 정읍, 고부 삼거리로 이동하였다. 8일에는 흥덕과 고창, 9일에는 무장을 점령하고 이곳에서 삼일간을 머물며 전열을 정비한 다음에 12일 영광, 16일 함평을 차례로 점령하고 21일에는 장성 월평리에 도착했다. 이때 장성에는 고부에서부터 남하해 온 농민군 이외에 전라좌도 일대의 농민군도 집결하여 그 숫자가 수만명에 이르렀다.

농민군은 이동 과정에서도 체계와 규율을 유지하며 당당한 위세를 자랑하였다. 다음은 농민군이 함평에 있을 때의 광경을 묘사한 것이다.

평민 한 명이 14 - 5세쯤 되는 아이를 (어깨에) 올려놓고 군대 앞에 섰다. 아이가 작은 남색 깃발을 쥐고 마치 지휘하듯 하니, 모든 적(농민군)이 그 뒤를 따랐다. 앞에 피리를 부는 자가 섰고 다음은 인·의(仁·義) 자를 쓴 깃발 한 쌍, 다음은 예·지(禮·智) 자 깃발 한 쌍, 다음은 백기 두 개가 뒤따랐는데, 하나는 보제(菩提) 하나는 안민창덕(安民創德)이라고 썼다. 다음은 황색기에 보제중생(菩提衆生)이라고 썼고 나머지 깃발에는 각각 읍명을 표시했다. 그 다음에는 갑옷 입고 말을 타고 칼춤을 추는 자가 따르고 그 뒤를 칼을 잡고 걷는 자 4 - 5쌍, 큰 나팔을 불고 붉은 단령을 입은 자 두명, 피리를 부는 자 두명이 뒤따랐다. 다음에 한 사람이 절풍모를 쓰고 우산을 들고 나귀를 타고 가는데 이 사람 주위에 같은 모습을 한 여섯명이 말을 타고 뒤따랐다. 그 다음에는 만 여명의 총 가진 자가 두 줄로 가는데 제각기 다섯가지 색깔의 두건을 둘렀다. 총 가진 자의 뒤를 죽창을 쥔 자가 따랐다. … 이들은 모두 (맨 앞에 선) 아이의 남색 깃발이 가리키는대로 하였다.

이같은 위세를 보이며 농민군은 점령한 군현 모두에서 감옥을 부수어 억울하게 갇힌 자들을 풀어 주고 무기고를 헐어 무장했다. 또한 관아의 세금장부를 압수하고 탐학한 아전들을 처형 또는 처벌하였다. 그런 한편 전주·나주관아와 초토사 홍계훈에게 글을 보내 자신들이 봉기한 뜻을 펼쳐 보였다. 다음은 4월 18일 농민군이 함평에서 나주의 관리들에게 보낸 글이다.

우리들의 오늘의 의거는 위로는 국가에 보답하고 아래로는 백성들을 편안케 함이라. 지나는 읍마다 탐관은 징벌하고 청렴한 아전은 포상하며, 아전들의 폐단과 백성들의 고통을 바로잡고 전운영의 폐해를 영구히 혁파하며, 임금께 아뢰어 국태공(國太公 ; 대원군)을 받들어 나랏일을 감독케 하여 난신적자(亂臣賊子)와 아첨하고 비루한 자들을 모두 쫓아내려는데 본 뜻이 있을 따름이다. 그런데 너희 관리들은 나라의 형세와 백성들의 형편은 생각하지 않고 각 읍의 군대를 동원하여 공격하기를 주(主)로 하고 살육하기에 힘쓰니 이는 진실로 무슨 마음인가. 그 행한 바를 조사하여 마땅히 서로 만나 죄없는 이민(吏民)을 가려 불쌍히 여겨야 할 것이다. … 이같은 뜻을 관사에 곧바로 알려서 각 읍에서 모인 군인을 집으로 돌려보내 농사짓게 하고 갇혀 있는 (동학)도인들을 즉시 풀어 준다면 우리들은 그곳에 들어가지 않겠노라.

이튿날 홍계훈에게 보낸 글에는 바로잡아야 할 8개의 폐정 조목까지 구체적으로 지적하였다.

오늘날의 수령은 선왕의 법을 돌아다보지 않고 선왕의 백성을 생각하지 않고서, 재물을 탐하고 사납게 구는 것이 무상(無常)하여 (1) 군전(軍錢)을 아무 때나 함부로 늘어놓고 (2) 환전(還錢)을 모두 갚도록 독촉하고 (3) 조세를 명목없이 더 받아 내고 (4) 여러가지 항목의 연역(烟役)을 날마다 징발하고 (5) 인척에게 (세금을) 분배하여 마구 받아 내고 (6) 전운영이 가혹하게 토색하며 (7) 균전관이 결수(結數)를 농간부려 세금을 징수하고 (8) 각사(各司) 교예(校隷)들이 토색질하는 등 하나하나 참고 견딜 수 없다.
우리들의 오늘의 일은 부득이한 상황에서 나온 것으로서, 손으로 병기를 잡고 겨우 몸을 보존하는 방법을 취한 것이다. 일이 이에 이르렀으니 온 백성이 마음을 같이 하고 온 나라가 의논을 모아 위로는 국태공의 감국(監國)을 받들어 부자의 윤리와 군신의 의리를 온전히 하고, 아래로는 백성을 편안케 하여 다시 종묘사직을 보존하면 맹세코 죽어도 변함이 없을 것이다.

농민군의 요구는 '탐관오리를 징벌하고 보국안민을 실현하겠다, 대원군을 받들고 나라를 바로잡으려 봉기하였다, 군전·환전·연역 등 잘못된 조세 수취를 바로잡으라는 것'으로 요약된다. 즉 농민군은 폐정을 바로잡고 탐관오리와 권귀를 몰아냄으로써 보국안민을 실현하겠다는 자신들의 목표를 당당하게 내보였던 것이다.

또한 농민군은 황토재전투 후 남하과정에서 나름대로 전략도 구사하였다. 농민군은 주로 어떤 지역을 점령할 때는 모이고 이동할 때는 흩어지는 전략을 폈다. 여기서 잠깐 농민군의 전략적 측면을 살펴보자. 농민군은 3월 25일 백산대회에서 연합하고 하나의 체제로 정비하였지만, 그렇다고 항상 농민군 전체가 한 덩어리가 되어 움직인 것은 아니었다. 농민군 지도자들은 독자적인 세력기반을 토대로 한 수평적 관계에 있었다. 상명하복(上命下服)의 절대적인 지휘관계에 있었던 것이 아니다. 백산에서 이루어진 지휘체계라는 것도 각 지도자와 그 세력간의 수평적 연합이었다. 이러한 세력구도상의 특성을 바탕으로 농민군은, 전봉준이 손화중과 함께 한 부대를, 김개남이 한 부대를 이끄는 가운데 하나로 합하거나 둘로 분산하면서, 전력을 극대화하며 진격로의 군현을 점령하고 관군을 격파하는 전략을 펼쳤다. 농민군이 이합집산하며 이동하고 전투한 것은 전체가 하나로 움직이는 것보다 몇가지 점에서 더 효과적이었다.

첫째 농민군은 경유하는 지역마다 지역민들의 합류를 유도하여 봉기 지역을 넓히며 세력을 확대해갔다. 둘째 "합했다 흩어지고 흩어졌다 합치고 있어, 이 적(농민군)들을 공격하기가 매우 곤란하다"거나 "동학도들은 동북쪽 협로로 갔는데 … 장성으로 가는 길과 나주로 가는 길이 있으므로 아직은 어느 곳으로 갔는지 잘 모르겠다"는 홍계훈의 보고에서 보듯이, 농민군의 이합집산으로 관군은 농민군의 진격로를 제대로 예측하지 못하였다. 셋째 결국 관군은 전투력의 분산을 감수하며 병대를 나누어야 했고, 이 결과 일부 병력으로 농민군과 맞서야 했다. 농민군의 이런 전략은 황룡촌전투에서 큰 성과를 가져왔다.

농민군이 대를 나눔에 따라 홍계훈 역시 경군을 나누어 농민군을 추적하였다. 7일 전주에 도착한 홍계훈은 해산을 촉구하는 방문을 내걸고 정찰대를 파견하는 한편, 정부에 증원부대의 파병을 요청하였다. 그런다음 자신은 금구, 태인으로 갔다가 전주로 돌아와 전(前)전주영장 김시풍(金始豐) 등을 농민군과 내통하였다는 혐의로, 김영배(金永培)와 김용하(金用夏)를 농민군의 전령이라는 이유로 11일 전주 남문 밖에서 효수하였다.

그러나 홍계훈의 이런 조처는 이 일대 농민들의 반발을 불러와 13일 전주성 남문루에는 "오늘의 사세는 가만히 앉아서 죽음을 기다릴 수 없다. … 지금 국고(國庫)를 논하면, 소위 집권대신들은 모두 민씨(閔氏)의 성을 가진 사람들로서 밤이 지새도록 배 채울 것만 생각하여 자기의 배를 채우려는 사욕만 간절할 뿐이며 그 일당들도 각 읍으로 파견되어 날마다 백성들에게 해로운 일만 하고 있으니, 백성들이 어떻게 지탱해 나갈 수 있겠는가. 그리고 소위 초토사라고 하는 자도 본래 무식하여 이곳에 온 후 동학의 위세를 겁내어 군대를 출동하지 못하고 함부로 공로가 있는 어진 사람만 살해하고 있다. … 그리고 3년내에 우리나라는 러시아인에게 돌아가거나 서양인에게 넘어갈 것이니 애석한 일이 아니겠는가. 그렇기 때문에 동도(東徒)대장이 의병을 일으켜 민생을 안정시키려 한다"는 괘서가 나붙었다.

홍계훈은 이어 전라감사에게 영을 내려 향병을 동원하여 순창 - 담양 - 광주 - 나주에 방어선을 구축하라고 한 뒤, 15일에 경병 본대를 거느리고 금구·태인(18일) → 정읍(19일) → 고창(20일) → 영광(21일)으로 남하하였다. 그러나 이때 경군의 사기는 '증원군을 합해도 1천여명에 불과하고 군기는 비록 우수하지만 병사들이 약하고 겁먹고 있어 적(농민군)과의 싸움에서 막아낼 방법이 없습니다'는 홍계훈의 보고에서 보듯이 크게 위축되어 있었다. 아무튼 22일에 이르러 홍계훈은 대관 이학승(李學承), 원세록(元世祿), 오건영(吳建永)에게 병정 300여명을 주어 장성으로 먼저 가게 하였다.

4월 23일 농민군과 경군 선발대는 장성 황룡촌에서 전투를 벌였다. 이날 경군 선발대, 즉 대관 이학승이 이끄는 300여명이 월평리의 삼봉 아래에 모여 있던 농민군을 공격함으로써 싸움은 시작되었다. 경군의 포격으로 순식간에 50여명을 잃은 농민군이 후퇴하자 경군은 뒤쫓으며 공격을 계속하였다. 그러나 삼봉에 오른 농민군은 곧바로 위로부터 맹렬한 반격을 가했고, 경군은 대대적인 공격에 밀려 결국 패주하였다.

이날 전투의 패배과정에 대해 홍계훈은 "아군이 장성 월평에 이르니 그 무리들도 마침 황룡촌에 이르러 서로 접전하였다. 쿠르프포를 쏘자 그 무리 중 맞아 죽은 자가 수백명이나 되었다. 그 무리 만여명이 떼지어 달려들어 죽음을 무릅쓰고 30여리나 돌격해오니, 그들은 많고 우리는 적어 아군은 힘이 빠져 넘어지고 자빠지면서 황급히 진지로 돌아왔다. 그들이 추격하자 대관 이학승은 몸을 날려 칼을 휘두르면서 혼자 뒤에서 싸우다가 병사 5명과 함께 살해당했으니, 그 참담함과 놀라움을 다 말할 수 없다. 쿠르프포 1문, 회전식 기관총 1문과 수많은 탄환을 잃었다"고 보고하였다.

황룡촌전투는 장태가 사용되었다고 해서 장태싸움이라고도 한다. 장태에 대해서는 다음의 기록을 보자. "…조금있더니 갑자기 큰 죽롱(竹籠)이 몰려오는데 크고 둥글어서 닭의 둥우리 같은 것이 수십개였다. 게다가 밖에는 칼을 꽂아서 마치 고슴도치와 같고, 아래에는 두바퀴를 달아서 굴러 이쪽으로 몰려왔다. 관군이 연환(鉛丸)과 시석(矢石)을 쏘았으나 모두 죽롱이 막아내고 적(농민군)은 그 뒤를 따라 포를 쏘면서 몰려들었다. 이에 초토사의 대영(大營)에서도 멀리 바라보기만 하고 구원

할 수가 없어서 제 맘대로 사방으로 달아나게 내버려두니, 적은 쫓지 않고 군사를 거두어 스스로 가버렸다."

　이처럼 농민군은 지역적 여건과 상황에 맞는 전략을 세우고 전투에 대비했으며, 전투에 임해서는 죽음을 무릅썼다. 황룡촌전투의 승리 역시 그저 당연히 주어진게 이런 철저한 준비와 용맹함을 통해 성취한 것이 었다. 한편 홍계훈의 요청에 따라 4월 16일 정부에서 파병한 총제영병 (總制營兵) 500여명과 강화영병(江華營兵) 300명 가운데, 총제영병이 전투 당일에 법성포를 거쳐 홍계훈의 진영에 합류했으나 전투는 이미 끝나 있었다.

사진 19 경군 이학승 순의비

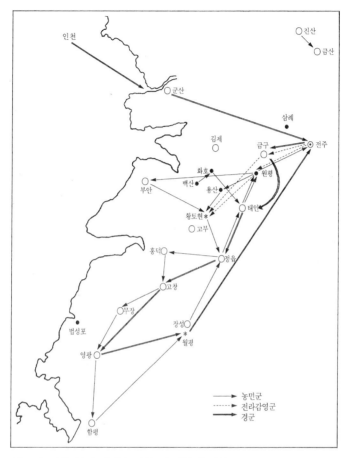

지도 2 3월 봉기 당시 농민군 및 관군의 이동로

황룡촌전투에서 경군은 이학승을 비롯하여 적지 않은 사상자를 냈고, 농민군은 나라의 정예부대마저 격파하는 성과를 거두었다. '왕의 명을 받든' 경군과 싸우고 나아가 이를 격파한다는 것은 농민혁명 이전의 농민들로서는 상상하기조차 쉬운 일이 아니었다. 그런 만큼 황룡촌전투는 농민혁명의 와중에서 농민군의 의식과 의지가 새 세상을 향해 한발짝씩 상승해 갔음을 보여주는 것이라 하겠다.

경군마저 격파한 농민군은 빠른 걸음으로 북상하기 시작하였다. 농민군의 당장의 목표는 전주성을 점령하는 것이었다. 전주는 감영의 소재지며 전라도의 수부(首府)일 뿐 아니라, 풍패지향(豊沛之鄕 ; 건국자의 고향)으로서 태조 이성계의 영정(影幀)을 보관한 경기전(慶基殿)과 시조(始祖) 및 시조비(始祖妣)의 위패를 봉사한 조경묘(肇慶廟)가 있는 영지(靈地)였다. 따라서 전주는 조선정부로서는 말할 것도 없고, 봉기를 확대하려는 농민군에게 있어서도 상징적으로나 실질적으로 대단히 중요한 지역이었다. 사발통문거사계획 단계에서부터 전주가 주 공격목표가 된 것도, 농민혁명의 시작과 함께 관군의 거점이자 농민군의 1차적 점령 목표가 된 것도 그런 이유에서였다. 남하하던 농민군이 감영병과 경군을 격파하고 전주성을 점령하기 위해 북상하고 그 뒤를 홍계훈이 하루 차이로 쫓아옴으로써, 이제 농민군과 관군 사이에 전주성을 둘러싼 치열한 전투가 전개될 수밖에 없었다. 전라감영 전주가 농민혁명의 중심무대로 떠오른 것이다.

4. 전주성 점령과 청·일의 개입

전주성이 빈 것을 간파하고 전주를 향해 북상한 농민군은 정읍과 태인을 거쳐 4월 25일 금구 원평에 이르렀다. 농민군은 이곳에서 관군을 위로하기 위해 내탕금(임금이 내린 위로금)을 지니고 궁궐에서 온 선전관 이주호(李周鎬)와 그 일행을 체포, 왕의 윤음(綸音)을 가져온 이효응(李斅應), 배은환(裵垠煥)과 함께 공개적으로 처형하여 자신들의 투쟁의

지를 확고히 하였다. 이효응과 배은환은 이미 장성에서 붙잡아 두었던 이들이었다.

금구 원평지역은 1893년의 금구집회가 열린 곳이기도 하거니와 농민 혁명 과정에서 자주 농민군의 활동거점지가 되었다. 그 이유는 이곳이 전라도 서남부지역에서 상경하고자 할 때 거쳐야만 하는 경로인데다 전라감영인 전주의 턱밑이었고, 또한 이미 오래전부터 크게 동학세력을 형성한 가운데 전봉준을 강력하게 후원하던 대접주 김덕명의 세력근거지였기 때문이다.

농민군이 원평까지 북상해오자, 감사 김문현은 "초토사는 지금 전주영에 없고 저들의 선봉은 이미 원평에 이르렀는데, 수하에 한 명의 군졸도 없으니 어찌할 바를 모르겠다"는 다급한 보고를 정부에 띄웠다. 김문현은 4월 18일자로 이미 파면되었고 후임 감사 김학진(金鶴鎭)은 아직 부임하지 않았으며 감영병은 홍계훈을 따라 남행하였으므로, 김문현의 보고대로 전주성은 거의 무방비 상태였다.

26일 농민군은 전주 삼천까지 진격하여 하룻밤을 머물렀다. 전주성 공략의 채비를 마친 2, 3만여명의 농민군은, 이튿날 전봉준, 김순명(金順明)을 비롯하여 아기장수 이복용(李福用)과 박선봉장 등의 지도하에 서문 밖에 이르렀다. 그리고 이들은 용머리고개에서부터 일자(一字)로 진을 펼치며 전주성을 압박하였다. 이에 당황한 김문현은 관속을 동원하여 서문을 닫아걸고 서문 밖에 있는 민가 수천 채에 불을 질러 농민군이 성을 타고 공격할 것에 대비하였다. 그러나 이런 임시방편으로 농민군을 막기는 처음부터 힘든 일이었다. 농민군은 이날 정오가 되면서 본격적인 공격에 나섰는데, 농민군의 전주성 점령 과정은 다음의 기록에 생생하게 나타나 있다.

이때는 4월 27일 전주 서문밖 장날이라. 무장, 영광 등지로부터 사잇길로 사방으로 흩어져 오던 동학군들은 장꾼들과 함께 섞여 미리 약속이 정하여 있던 이날에 수천명의 사람들은 이미 다 시장속에 들어 왔었다. 때가 오시(오전11시 - 오후1시)쯤 되자 장터 건너편 용머리 고개에서 일성의 대포소리가 터져나오며 수천방의 총소리가 일시에 시장판을 뒤엎었다. 별안간 난포소리에 놀란 장꾼들은 정신을 잃어버리고 뒤죽박죽이 되어 헤어져 달아났다. 서문으로 남문으로 물밀듯이 들어가는 바람에 동학군들은 장꾼들과 같이 섞여 문안으로 들어서며 한편 고함을 지르며 한편 총질을 하였다. 서문에서 파수보는 병정들은 어찌된 까닭인지를 몰라 엎어지며 자빠지며 도망질을 치고 말았다. 삽시간에 성안에도 모두 동학군의 소리요 성밖에도 동학군의 소리다. 이때 전봉준 대장은 천천히 대군을 거느리고 서문으로 들어와 좌(座)를 선화당(宣化堂 ; 감사의 집무실)에 정하니 어시호 전주성은 이미 함락이 되었다.

이처럼 농민군은 예상치 못한 책략까지 쓰며 전주성에 무혈(無血) 입성하였다. 홍계훈의 보고에 따르면, 이때 전주성 안에는 농민군과 내통하는 자가 많았다. 이것이 또 전주성을 손쉽게 함락할 수 있었던 요인이기도 하였다. 전주성에 들어선 전봉준은 감사의 집무실인 선화당을 차지하고 전주성의 4대문을 굳게 수비토록 하였다. 이로써 농민군은 조선왕조의 발상지이자 전라도의 수부인 전주성을 완전히 장악하였다. 이는 동학농민혁명의 전투에서 거둔 최대의 승리였으며, 정부에 대한 전면적 저항을 의미하는 것이었다.

이 사이 전라감사, 판관(判官), 영장(營將) 등 전라감영의 관원들은 모두 동문 밖으로 달아났다. 감사 김문현은 헤진 옷과 짚신을 신고 피난민을 따라 나와 공주로 도주하였고, 판관 민영승(閔泳昇)은 도주하는 도중에 조경묘 참봉 장교원(張敎遠), 박봉래(朴鳳來)로부터 태조 이성계의 영정을 빼앗아 위봉사 대웅전에 모셨다. 영정을 보호하였다는 명분을 빌어 성을 포기한 죄를 면할 생각이었던 것이다. 영장 임태두(任泰斗)도

사진 20 전주성 점령 재현 모습(1994년)

민영승과 함께 위봉산성으로 도주하였다. 이 영정과 위패는 6월 16일 환안제(還安祭)를 치르는 가운데 원래의 자리에 봉안되었다.

한편 전주성이 함락되었다는 소식에 경악한 정부는 이원회(李元會)를 양호순변사(兩湖巡邊使)로 임명하여 장어영·통위영·평양영의 병력 1,400명을 인솔하고 전주일대의 농민군을 토벌하도록 하였다. 동시에 긴

사진 21 전주성 입성비

급대신회의를 연 끝에 청군(淸軍)의 파견을 요청하는 조회문을 청나라에 보냈다.

보은집회 때에도 제기되었던 청병 차용 문제는 4월 10일경에도 홍계훈의 건의에 의해 조정에서 다시 논의된 바 있다. 홍계훈의 건의는 병조판서 민영준(閔永駿)을 통해 고종에게 올려졌고, 4월 12일 대신회의에서 논의됐으나 민심동요와 일본의 출병 위험성을 내세운 대신들의 반대로 무산되었다. 그러나 조정대신들의 반대속에서도 민영준과 청의 사신 원세개(袁世凱) 사이에 청병 차용에 관한 논의가 비밀리에 이루어졌고, 원세개는 북양대신(北洋大臣) 이홍장(李鴻章)에게 청군의 즉각적인 출동태세를 갖추도록 건의했다.

전주성 함락 다음날인 4월 28일, 민영준은 또다시 청병 차용을 주장하고 나섰다. 이에 대해 원로대신 김병시(金炳始)는 "비도(匪徒 ; 농민군)의 죄는 용서하기 어려우나 모두 우리 백성이니 우리 병사로 토벌해야 할 것이며, 만일 다른 나라의 병사를 청하여 토벌하면 민심이 어떠하겠는가. 민심은 흩어지기 쉬우므로 신중해야 하며, 청병이 차입되면 일본이 진출해 올 것이 염려되지 않을 수 없다. 청국 공사관에 사람을 보내어 잠깐 멈추게 하고 우리 경군을 출동시켜 토벌 중에 있으니 그 결과를 기다려 보는 것이 좋을까 한다"며 반대하였다. 그러나 대신들의 신중한 태도에도 불구하고 고종은 결국 민영준의 제의를 받아들여 4월 29일 원세개를 통해 청군대의 파병을 정식으로 요청했다. 다음은 정부가 청국에게 군대의 파병을 요청한 조회문이다.

우리나라 전라도 관내의 태인·고부 등지의 민심은 흉하고 사나우며 성정은 험하여 본래 다스리기가 곤란하다고 일컬었는데, 요사이 동학교비(敎匪)와 부합하여 만여명의 무리를 모아서 현읍(縣邑) 10여 곳을 함락하고 이제 또 북상하여 전주영부를 함락하였다. 앞서 훈련된 군사를 파견하여 토벌하고 달래는데 힘썼으나 이들이 마침내 죽기로써 맞서 싸우니 군대는 패하고 대포 등 군기도 많이 잃었다. 이런 흉흉한 소요가 오래갈까 특히 염려될 뿐더러 항차 서울과의 거리는 겨우 4백 수십리밖에 되지 않아 저들이 북상하게 내버려둔다면 서울까지 휩쓸려 손해 되는 바가 적지 않을 것이다.

우리 조선의 새로 훈련된 병력의 수는 겨우 서울을 호위할 정도이고 또 전투의 경험도 없어 흉악한 도적을 소탕하기 곤란하니, 이런 일이 오래가면 중국 정부에 걱정을 끼침이 클 것이다. 임오·갑신 두 변란때에도 중국군대의 진압에 힘입었는데, 이번에도 그때 일을 참작하여 귀국 총리에게 청원하는 바이니 신속히 북양대신에게 전보를 쳐서 군대를 파견토록 해 달라. …"

나라의 형편과 국가운영의 치부를 다른 나라에 스스로 고백하는 말로서, 정부의 이런 태도는 수치스럽고 부끄럽기 이를 데 없는 것이었다. 이미 파병 준비를 마치고 있던 청나라는 병력을 곧바로 조선에 보냈다. 그리하여 2일부터 7일까지 청군 2,500여명이 충청도 아산만(牙山灣)에 상륙하였다.

그러나 농민군을 진압하기 위해 청군을 끌어들인 것은 망국의 화(禍)를 스스로 재촉하는 어리석은 결정이었다. 청군의 파병은 오래전부터 조선진출의 기회를 엿보고 있던 일본에게 더할 나위없이 좋은 출병 빌미를 제공한 것이었다. 농민혁명의 동향을 예의주시하고 있던 일본은 '조선정부가 내정개혁과 청병 차용의 2가지 대응책 중 청병 차용을 취할 것으로 예상되니 일본도 출병해야 할 것이라'는 4월 18일 주한 일본임시공사 스기무라 후카시(杉村濬)의 보고를 받고, 청군의 출병을 예상하고 있었다. 그리고 조선이 청병 파병을 정식 요청했다는 스기무라의 보고가 들어오자 4월 29일 즉시 내각회의를 열어, 혼성여단 파병을 결정하고 신속하게 파병 준비에 들어갔다.

사진 22 1894년 5월 조선에 상륙한 일본군대

이어 일본은 '일본공사관에 병사 약간을 두어 경비한다'는 제물포조약
제5관을 억지 근거로 내세우고 '조선내 일본공사관원과 일본거류민을 보호
한다'는 명분하에 조선정부의 요청이 없는데도 5월 4일 출병을 통보하였다.
이에 당황한 조선정부가 그 부당성을 지적하고 일본의 출병을 반대하고 나
섰다. 그러나 일본은 여기에 아랑곳하지 않고 6일부터 12일까지 약 6,300
여명의 병력을 조선에, 그것도 서울을 코앞에 둔 인천에 상륙시켰다.

이제 조선정부는 안으로는 농민군을 진압하고, 밖으로는 청·일 양군
을 철수시켜야 하는 이중의 문제에 봉착하였다. 이 청·일 군대의 조선
진주는 뒤에 보듯이 농민혁명, 나아가 근대 한국 및 동아시아 역사의 전
개에 커다란 굴절을 가져온다.

5. 완산전투

홍계훈의 경군과 농민군은 4월 28일부터 5월 3일까지 전주성을 둘러싸
고 거의 매일 크고 작은 전투를 벌였다. 이것이 이른바 완산전투이다. 하
루 차이를 두고 농민군의 뒤를 쫓아온 경군은 28일 정오 무렵, 용머리고
개를 넘어 완산(完山 ; 南福山)에 진을 쳤다. 완산은 최고봉이 해발 186m
밖에 안되지만 전주성이 한 눈에 내려다보이는 전략적 요충지였다.

이어 홍계훈은 처음부터 자신이 이끈 경군, 중간에 증파된 강화영병,
감영병 등 1,500여명의 군사를 건지산(乾趾山), 기린봉(麒麟峯), 오목대
(梧木臺), 황학대(黃鶴臺) 등에 배치하였다. 길게 포위망을 형성하며 전
주성을 에워싼 것이다. 그리고 본영은 용머리고개 남쪽 산 중턱에 설치
하는 등 전투 준비를 마쳤다. 이처럼 농민군이 집결해 있는 전주성을 한
눈에 내려볼 수 있는 요충지를 방비하지 않은 것은 농민군의 전략적 실

사진 23 전주 완산칠봉 전경

책으로 볼 수 있다.

군진을 형성함과 동시에 경군은 전주성을 향해 포를 쏘아 댔고, 이에 맞서 농민군 수백명이 서문과 남문으로 나와 완산칠봉의 경군을 공격하였다. 이 싸움에 대해서는 홍계훈의 보고문에 다음과 같이 자세히 기록되어 있다.

신(홍계훈)은 주(州)의 남쪽에 있는 완산 위에 결진하고 대포 3발을 시험삼아 성내에 쏘았을 때 적도(농민군)들이 서남(西南) 양문을 열고 수천명이 일시에 뛰쳐나와 날뛰면서 달려왔습니다. 남문으로 나온 적들은 백포장막으로 앞을 가리고 산의 남쪽에서 올라오고 서문으로 나온 적은 날뛰면서 산의 서쪽으로 올라오며 성내에 있는 적들은 성루위에 한 줄로 서서 일제히 아군을 향해 끊임없이 포를 쏘아 날으는 탄환이 비오듯하였습니다. 그러나 아군 중 동쪽을 맡

3월 봉기, 고부에서 전주성까지 85

은 자들이 일제히 발포하자 적도 가운데 갑옷을 입고 칼을 차고 천보총을 갖고 맨 앞에 서서 올라오던 30여명이 탄환에 맞아 즉사하였습니다. 이들은 저무리에서도 가장 영악하고 사나운 자들이라 하니 가히 예기(銳氣)는 꺾었다 하겠고 아군의 서쪽을 담당한 자들도 일제히 맞아 공격하였습니다. 적도가 돌아 달아날 때 추격하여 사살한 자가 수백명이며 나머지는 성안으로 되돌아가 또 다시 성문을 굳게 닫았습니다.

그 후 저는 갑옷을 두르고 10여명의 사졸을 거느리고 남성(南城) 밑에 나아가 대포를 연달아 쏘았으나 성첩(城堞)이 견고하여 파괴할 수 없었습니다. 적당은 성위의 담뒤에 엎드려 있으면서 포환을 연발하는 것만 단지 보았는데, 날이 이미 저물어 급히 공격할 수 없기에 부득이 진(陣)으로 돌아왔습니다.

완산전투의 첫 싸움에서 농민군은 이처럼 적지 않은 손실을 입고 패배하고 말았다. 이때 가한 경군의 포격으로 경기전을 비롯한 관청 일부가 파괴되고 성 안팎의 민가 수천호가 불에 탔는데, 경군은 또 서문 밖의 민가 800 - 900채를 불태웠다.

29일에는 농민군이 북문을 열고 나와 황학대를 공격하였으나 경군의 화포공격에 백여명의 희생자를 내고 물러났다. 30일에는 경군이 격문을 내며 싸움을 부추겼지만 농민군이 이에 응하지 않았다. 5월 1일 농민군이 남문을 열고 경군을 공격했으나 이때에도 경군의 화포공격으로 300여명의 희생자를 냈을 따름인데, 이날의 전투 상황은 다음의 기록을 통해 볼 수 있다.

5월 1일 오전 10시경 초조한 적도(농민군)는 갑자기 남문으로부터 출격하여 미전교(米廛橋)를 건너 남·북 2대로 나누어 완산 주봉의 관군을 목표로 하여 돌진하였다. 즉 남쪽 일대는 순창가도로 나가 오른쪽으로 돌아 남고천을 건너 곤지산 서쪽 벼랑의 계곡을 타고 북진하고, 또 북쪽 일대는 전주천의 왼쪽 언덕으로 북진하여 완산정으로 들어와 곤지산 북쪽 벼랑의 계곡으로부터 주봉으로 기어올라가서 남쪽의 우군과 합하여 매곡 건너편 주봉 서쪽에 솟은 검두봉(劍頭峯)의 조그만 구릉에 포진한 관군 일대를 습격하였다. 이로써 일거에 완산을 도륙하고 본영에 핍박하려고 기도하였다. … 적도는 손에 극, 창, 화승총을 들고 있었지만 그 중에는 무기를 갖지 않고 소나무 가지를 잘라 휘두르는 자도 있었다. 그 등에는 모두 탄환을 피하기 위하여 황색 종이에 붉은 글자로 주문을 쓴 부적을 붙였고 또 수십인마다 무리를 지어 전면에는 높이 한 장의 백포를 세우고 수백 개의 사다리를 만들어 입으로 탄환을 제거하는 주문 '시천주조화정(侍天主造化定)'을 높이 외쳤고 함성을 높이고 빗발치는 탄환 속으로 돌진하였다.

관군은 신예의 화병으로 이를 맞았고 내려다보며 총격하였다. 또한 적도는 자기편 시체를 넘어 가파른 언덕에 의존하여 올랐다. 관군이 이러한 맹공에 놀라서 물러나 움직인다면 패퇴의 기색이 일어날 것을 알아차린 후방 완산 위에 있는 강화군은 급히 산을 내려와 응원하였고 양군은 다시 격전 전투를 벌려 마침내 강화군은 개가를 올렸고, 적도는 전멸적인 타격을 받고 무수한 시체를 매곡(梅谷)에 묻어 놓고 잔병은 겨우 성 안으로 도망하여 들어갔다. 그러나 관군은 감히 이를 추격하지 못하고 오후 4시경 전투를 종료하게 되었다.

2일에도 경군은 전주성을 향해 포격을 퍼부었고, 이에 농민군은 서문을 열고 나와 용머리고개의 경군을 공격했으나 또다시 화포공격을 견디지 못하고 100여명의 사상자를 낸 채 물러났다. 이날 경군의 포격으로 민가 500 - 600여채가 불타는 피해를 입었으며, 성안의 농민군은 '소나기처럼 쏟아지는 경군의 포격에 포성이 울릴 때마다 복도 밑이나 지붕 아래에 몸을 숨겨야 하는' 곤란을 겪었다.

전주성을 배경으로 한 농민군과 경군의 최대의 격전은 5월 3일에 벌어졌다. 농민군은 이날 아침 10시 경부터 서문과 북문으로부터 돌진하여 사마교(司馬橋 ; 현 '다가교 자리)와 부근의 하류를 건너 유연대(油然坮)를 공격하였다. 농민군의 대대적인 공격을 받은 유연대 부근의 경군은 남쪽으로 달아났다. 농민군은 이를 추적하여 다가산을 점령한 후 다시 남진하여 용머리고개를 가로질러 경군의 본영이 있는 곳까지 육박하였다. 그러나 농민군은 여기에서 경군 본영으로부터 대포공격을 집중적으로 받아 용장 김순명, 아기장수 이복용을 비롯하여 200 - 500명에 이르는 전사자를 내고 성안으로 물러났다. 이때 전봉준은 왼쪽 허벅지에 총상을 입었으며, 전투는 오후 6시경에야 끝이 났다. 이 전투 후 홍계훈은 '500명의 적(농민군)을 사살하고 총검 500여자루를 빼앗았으며 적은 사방으로 흩어져 달아났다'고 보고하였다.

홍계훈의 보고에서도 짐작되듯이 4월 28일에서 5월 3일까지 벌어진 완산전투에서 농민군은 전력상에 커다란 손실을 입었다. 그리하여 황토재전투·황룡촌전투·전주성 점령 등으로 치솟았던 농민군의 사기는 크게 꺾였고, 궁지에 몰린 가운데 내부의 동요마저 이는 상황이었다. 동요한 농민군 사이에서 '전봉준을 묶어서 홍계훈에게 바치고 목숨을 빌자'는 모의가 있었고 전봉준은 점괘를 쳐서 "3일 후 어느 시간을 지나면 좋은 소식이 있을 것이니, 여러분들은 동요하지 말라. 여러분들은 이미 내 말을 따랐으니, 사지(死地)에 들어와서 어찌 다시 한번 내말을 따라 조금 더 참지 못하는가"하며 가까스로 동요를 무마할 정도였다는 것이다. 3일 이후로 더이상 전투는 벌어지지 않았다.

6. 폐정개혁안과 전주화약

완산전투 과정에서 홍계훈은 전라도내 각 군현에 전령을 내려 포군을 징발하고 정부에 지원병을 요청하는 등 강공책을 폈다. 그리고 다른 한편으로는 잇따라 전주성에 효유문을 보내어 농민군의 해산을 재촉하는 양면책을 썼다. 전투가 한창인 5월 1일에는 '전봉준을 체포해 오는 자는 포상한다'는 글을 전주성에 보냈다. 2일에는 전주성 안의 농민들에게 전령문을 보내 농민군에 협력하지 말도록 효유하는가 하면, '신변을 보장할테니 성밖으로 탈출하라'고 설득하였다. 4일에도 홍계훈은 글을 지어 전주성안에 던졌는데, 그 내용은 '너희들(농민군)이 바라는 바를 들어줄 터이니 속히 해산하라'는 것이었다. 전세(戰勢)를 반영하듯 효유문조차 점차 공격적인 내용으로 변해가고 있었다.

반면 완산전투의 결과, 농민군은 큰 위기에 처해 있었다. 관군은 속속 증원되는데 비해 농민군은 오히려 고립되어 외부로부터 지원이 끊어지고 싸움에도 패하였으며 식량도 떨어져 갔던 것이다. 또 앞서 말한대로 내부의 동요마저 일고 있었다. 이같은 상황에서 4일 '너희들이 바라는 바를 들어주겠다'는 홍계훈의 글이 전달되었다. 이에 전봉준은 홍계훈에게 다음과 같은 소지문을 보냈다.

우리들도 선왕의 백성인데 어찌 부정하게 임금에게 반역하려는 마음으로 천지간에 살 수 있겠는가. 우리들의 이번 거사가 비록 놀라게 하였다 할지라도 병사를 일으켜 백성을 죽이기를 누가 먼저 하였는가. 지난번 감사가 양민을 무수히 죽인 것은 생각지 않고 오히려 우리의 죄라 하니 백성을 선화(宣化)해야 할 목민관(牧民官)이 양민을 많이 죽인 것이 죄가 아니고 무엇인가. … 국태공(대원군)을 받들어 국정을 맡기자는 것은 당연한 이치이거늘 어찌 불궤죄(不軌罪)로 몰아 죽이는가. … 전주감영에 포를 쏜 것을 도리어 우리의 죄라 하고 포를 쏘아 경기전을 부순 것은 있을 수 있는 일이며 옳은 일인가. 군대를 동원하여 (우리의) 죄를 묻는다고 죄없는 백성들을 죽인 것은 옳은 일인가. 성을 점령하고 무기를 거둔 것은 우리의 몸을 지키고 목숨을 구하고자 한데 불과한 것이다. … 탐관오리가 학정을 해도 정부에서는 이를 듣지 못하니, 백성들이 살기 어려워 탐관을 잡는대로 죽이는 것이 무슨 죄인가. …

즉 농민군이 봉기할 수밖에 없었던 당위성을 역설한 것이다. 아울러 전봉준은 27개의 폐정개혁 조목을 적어 임금에게 보고해 줄 것을 요구하였다. 위기에 처한 상황에서 일종의 타협안을 제시한 셈이다. 이때 농민군이 요구한 내용 가운데 14개 조항이 전봉준의 판결문(判決文)에 나와 있는데, 그 내용은 다음과 같다.

1. 전운소(轉運所)를 혁파할 것
2. 국결(國結)을 더하지 말 것
3. 보부상의 작폐를 금할 것
4. 도내 환전(還錢)은 구(舊) 감사가 거두어 갔으니 민간에 다시 징수하지 말 것
5. 대동미를 상납하는 기간에 각 포구 잠상(潛商)의 미곡 무역을 금할 것
6. 동포전(洞布錢)은 매호(每戶) 봄 가을로 2냥씩 정할 것
7. 탐관오리를 모두 파면시켜 내쫓을 것
8. 위로 임금을 가리고 관직을 팔아 국권을 조롱하는 자들을 모두 축출할 것
9. 수령은 자기의 관할지역 안에 입장(入葬)할 수 없으며 또 논을 거래하지 말 것
10. 전세(田稅)는 전례를 따를 것
11. 연호 잡역(烟戶 雜役)을 줄여 없앨 것
12. 포구의 어염세(魚鹽稅)는 혁파할 것
13. 보세(洑稅)와 궁답(宮畓)은 시행하지 말 것
14. 각 고을에 수령이 내려와 백성의 산지(山地)에 늑표(勒標)하거나 투장(偸葬)하지 말 것

나머지 13개조항은 판결문에 기록되지 않아 그 내용을 단정할 수는 없다. 하지만 이전에 농민군이 올린 각종 요구안을 토대로 하여 다음과 같이 복원되고 있다.

15. 균전어사(均田御史)를 혁파할 것
16. 각읍 시정(市井) 각 물건에 분전수세(分錢收稅)하는 것과 도고명색(都賈名色)을 혁파할 것
17. 백지(白地)징세와 사전(私田) 진결(陳結)을 거두지 말것
18. 대원군을 국정에 간여토록 함으로써 민심을 바라는 바대로 할 것
19. 진고(賑庫)를 혁파할 것
20. 전보국(電報局)이 민간에 대해 폐해가 크니 혁파할 것
21. 각읍 관아에서 필요한 물종(物種)은 시가(時價)에 따라 사서 쓰도록 할 것
22. 각읍의 아전을 돈으로 임명하지 말고 쓸 만한 사람을 택할 것
23. 각읍 이속들이 천금(千金)을 축냈으면 그 자를 처형하고 친족에게 징수치 말 것
24. 오래된 사채를 수령이 끼고 억지로 거두는 것을 모두 금단할 것
25. 동학교도를 무고히 살육하는 일이 없도록 하며 동학과 관련되어 갇힌 이는 모두 신원할 것
26. 경저리(京邸吏)와 영저리(營邸吏)에게 주는 료미(料米)는 과거의 예에 따라 삭감할 것
27. 각국 상인들이 포구에서 장사하고 있으니 도성(都城) 시장에는 출입을 금하고 아무 곳에서나 함부로 행상하는 일을 금하도록 할 것

농민들이 봉기할 수밖에 없었던 이유와 봉기를 통해서 이루고자 했던 목적이 절절히 담겨 있는 이 27개조 폐정개혁안의 내용은, 크게 보아 ① 가렴주구를 일삼는 탐관오리의 처벌과 제거 ② 삼정의 개선과 부당한 세금징수의 원천적 철폐 ③ 대원군의 국정 참여 ④ 외국 상인의 불법활동 금지 등으로 집약된다. 즉 농민군은 당시대의 정치·사회·경제적 모순의 총체적 철폐를 주장한 것이다. 그러나 이것을 가지고 농민군이 기존의 체제와 질서를 근본적으로 부정하고 해체하기를 요구했다고 단정짓기는 어렵다. 말하자면 농민군은 체제의 근간을 이루는 신분제의 철폐 요구를 명문화(明文化)하지 못했다. 또한 이와 밀접하게 결부된 지

주와 소작간 토지문제의 해결-실제로 농사짓는 농민이 토지경작권 또는 소유권을 갖게 하는 것-을 요구하지 못했다. 하지만 농민군이 내세운 27개조의 개혁안이 실현된다면, 당시 조선의 지배구조는 사실상 그 뿌리에서부터 붕괴되는 결과를 낳았을 터였다.

농민군의 이러한 요구에 대해 홍계훈은 5일에 '여러 가지 (폐정개혁) 조목을 들었으나 모두 이치에 맞지 않으므로' 들어줄 수 없다 하고 '무기를 반납하고 성문을 열고 해산하라'는 답변을 내렸다. 이와 동시에 '목숨을 구하려거든 성문을 열고 나가라. 결코 쫓아가 잡지 않을 것이며 또 각 고을에 알려 해치지 않도록 하겠다. 이렇게 다시 효유하여도 끝내 마음을 바꾸지 않는다면 성을 부수고 쳐들어가 남김없이 초멸할 것'이라는 방문을 내걸었다. 이에 대해 농민군이 6일 홍계훈에게 전령을 보내 '해산코자 하나 돌아가는 길에 해침을 당할까 염려된다'며 신변보장을 요구하자, 홍계훈은 '해산하는 자에게는 물침표(勿侵表)를 만들어 준다'며 신변보장을 약속하였다. 농민군은 폐정개혁과 신변보장을 철수의 조건으로 제시하고 홍계훈이 신변보장을 약속함으로써, 양측은 농민군의 전주성 철수와 정부측의 농민군 신변보장에 있어서는 타협을 본 것이다.

하지만 농민군은 곧바로 철수하지는 않았다. 철수의 조건으로 제시한 폐정개혁에 대한 문제를 홍계훈이 받아들이지 않았기 때문이다. 그리하여 농민군은 7일에 다시 글을 보내 '우리가 귀화하는 날은 신원을 하는 날이니 관의 명령을 따르겠다. 그러니 일전(5월 4일)에 올린 민원조항을 임금께 상주하여(아뢰어) 모든 읍에 시행토록 해 달라'고 요구하는 한편, 8일에도 '우리들이 바라는 바를 임금께 올리는 것은 합하(홍계훈)의 처분에 맡기고 우리는 성문을 열고 나가 다음의 조처를 기다려 무기를 반납하겠다'는 글을 보냈다. 즉 자신들이 올린 폐정개혁 요구에 대한 임금의 어떤 긍정적인 조처가 있을 때라야 무기를 반납하고 완전히 해산하겠다는 것이었다.

8일 아침 농민군은 위의 소지를 올린 후 전주성의 동·북문을 열고 나왔다. 이때 홍계훈과 농민군 사이에 신변보장 뿐 아니라 폐정개혁 상주에 관한 약속이 있었는지는 명확히 드러나지 않는다. 하지만 이후에 농민군이 올린 글에서, 농민군은 '홍계훈이 개혁안을 상주하겠다고 약속'한 것으로 여겼던 점이나 초토사의 '화해지칙(和解之飭)'에 따라 철수했다는 내용이 확인된다. 이런 점에서 볼 때, 농민군이 전주성에서 철수하기 전에 폐정개혁안에 대한 상주 약속도 이루어졌던 것으로 보인다. 즉 양측은 '농민군은 전주성에서 철수하고 홍계훈은 농민군의 신변을 보장하고 폐정개혁안을 임금께 올린다'는 조건으로 타협을 맺었던 것이다. 이른바 전주화약(全州和約)이 이루어진 것이다.

그러면 양측이 타협하여 화약을 맺은 배경은 무엇일까? 우선 농민군의 입장에서 보면 첫째 완산전투의 패배로 인한 전력상실과 사기저하, 그리고 고립에 따른 전세상의 불리, 둘째 폐정개혁에 대한 기대, 셋째 보리수확과 이앙준비에 바쁜 농번기 등이 있었다.

그러나 양측의 입장을 고려하면, 화약의 배경은 무엇보다도 청·일군대의 조선진주라는 상황변화였다. 청·일군대의 개입은 농민군도 원하지 않던 일이었다. 더구나 농민군은 "듣건대 청군은 3천명뿐이라고 하는데 수만명이라고 잘못 전해졌고 또 각국 군대가 길에 깔려 있다고 하기 때문에 우선 잠시 퇴병하였다. 지금 들으니 그렇지 않아서 후회가 막급이다. 일이 이왕 이렇게 되었으니 청병이 물러나기를 기다려서 다시 의기를 들 것이다"고 한데서 보듯이 청군에 대해 위압감을 가지고 있었다.

정부 역시 일본군의 개입을 원하지 않았으나, 일본군은 이미 조선에 진주하여 정부의 철병요청을 거부하고 있는 상태였다. 이런 상황에서 이제 청·일군대를 조선에서 철병시키는 것이 급선무였고, 양국 군대의 철병시키기 위해 정부는 무력진압이 아니라도 최대한 빨리 농민군을 철수시키고 전주성을 회복해야 했다. 5월 5일 삼례에 도착한 신임감사 김학진이 홍계훈에게 비밀리에 공문을 보내 농민군의 퇴로를 열어 주어 조속히 전주성을 되찾도록 한 점이 당시의 그런 형편을 잘 보여준다. 전주화약은 양자의 이와 같은 입장에서 추진된 것이었다.

농민군이 철수하자 홍계훈은 8일 아침 병정들을 먼저 전주성에 들여보낸 후, 자신은 대관(隊官), 교장(敎長), 군관(軍官) 등을 거느리고 입성하였다. 이어 홍계훈은 도피한 전주부의 관속들을 불러들이고 삼례에 머물고 있던 감사 김학진을 불러들이는 등 행정질서를 정돈하였다. 또 한편으로 그는 '전주성을 수복했고 순변사가 거느린 평양영의 병정도 전주에 곧 들어올 것이니, 청국 군대가 (농민군을 토벌하기 위해 전주로) 전진하는 것에 대해 다시 처분해 달라'는 보고를 조정에 올렸다. 농민봉기가 수습되었음을 알린 것이다.

그러나 농민군의 전주성 철수가 농민군의 해산을 의미하는 것은 아니었다. 전주성에서 물러난 후로도 농민군은 여전히 전라도 각지에 모여 있었다. 경군이 16일부터 19일까지 평양병 소수만을 남기고 홍계훈, 이원회와 함께 서울로 돌아간 것도 농민군을 완전히 진압했다고 보았기 때문은 아니었다. 일본 군대가 가까이 있는 서울의 상황이 더욱 급박하였기 때문이었다. 농민군이 전주성에서 철수하고 경군이 전주성을 수복한 후 귀경하였지만, 그것은 청·일군대를 철수시키고자 한데서 온 변화였을 뿐이다. 농민혁명이 끝난 것은 아니었다. 외세의 간섭으로 국면이 전환된 가운데, 전라도에서는 관과 농민군 사이에 직접적인 전투가 없는 소극적인 대치 상태가 계속되고 있었다.

지금까지 보았듯이 3월 봉기는 전라도 전역을 무대로 한 농민항쟁이

었다. 참고로 3월 봉기에 참여한 전라도 각 지역(군현)과 농민군 지도자
들을 천도교측 기록대로 적으면 다음과 같다.

강진 金炳泰 南道均 尹時煥 張儀運 安炳洙 尹世顯
고부 全琫準 鄭一瑞 金道三 鄭宗赫 宋大和 宋柱玉 鄭德源 鄭允集 洪光
      杓 孫汝(如)玉 朱寬一 朱文相 尹尙弘 洪景三 田東八 宋熹玉
고창 吳河泳 吳時泳 林天瑞 林亨老 洪樂觀 洪桂觀
곡성 趙錫夏 趙在英 姜日洙 金玄基
광주 姜大悅 朴成東 金佑鉉
구례 林春奉
금구 金德明 金士曄 金鳳得 劉漢弼 金九五 崔光燦 金仁培 金可敬 宋泰
      燮 趙元集 李東根 劉公萬 劉漢述 金應化 金允玉
김제 金奉年 李致權 林禮旭(郁) 韓鎭說 許成義 趙益在 黃敬三 河永雲
      韓景善
나주 吳中文 金有
남원 金洪基 李起東 崔鎭學 金泰玉 金鐘學 李起冕 李昌宇(守) 金禹則
      金淵鎬 金時贊 朴善周 林東薰 李敎春 姜宗實
능주 文章烈 趙鍾純
담양 南周松 金重華 李璟燮 黃正旭 尹龍洙 金義安 李和伯
만경 陳禹範
무안 裵奎仁 裵奎贊 宋寬浩 林雲淇 鄭敬澤 朴淵敎 魯榮(永)學 魯允夏
      朴仁和 宋斗旭(玉) 金行魯 李敏弘 林春景 李東根 金應文
무장 孫化仲 宋文洙 姜敬重 鄭伯賢 宋敬贊 宋鎭浩 張斗一 郭昌旭
무주 李應白 尹玟 葛成淳
보성 文章衡 李致義
부안 申明彦 白易九
순창 李容述 梁海(會)日 吳東昊 金致性 房鎭敎 崔琦煥 池東燮 吳斗善
순천 朴洛陽
영암 申聖 申欄 崔永基

옥구　許鎭

임실　崔承雨　崔由河　林德弼　李萬化　金秉玉(金榮遠)　文吉賢　韓榮泰　李炳用
　　　郭士會　朴敬武　韓君正　崔祐弼　趙錫烋　李龍擧　許善

장성　金柱煥　奇宇善　寄東濤　朴振東　姜戒中　姜瑞中

장수　金淑如　金洪斗　黃學周

전주　崔大鳳　姜文叔　姜守漢　宋昌烈　朴基準　吳斗柄

정읍　林正學　車致久(九)

진안　李士明　金(全)化三　金澤善

창평　白鶴　柳亨魯

태인　金開南　崔景善　崔永燦　金知豊　金漢述　金永夏(金三默)　金練九　柳希道
　　　金文行

해남　金道一　金春斗

흥덕　高永叔

흥양　柳希道　吳起瑞　宋年浩

제 3 장
집강소, 무르익는 혁명의 희망

제 3 장 집강소, 무르익는 혁명의 희망

  1894년 6월은 대단히 큰 사건들이 복잡하게 얽혀서 전개된 시기이다. 우선 조선에 대한 독점적 지배권을 장악하기 위해 청·일 양국이 우리 땅에서 전면 전쟁을 벌였다. 그리고 우리나라 최초의 근대개혁이라는 갑오개혁이 단행되었으며, 동학농민혁명이 새로운 차원에서 진행되고 있었다. 이 세 사건이 동시에 진행되며 서로에게 영향을 미치는 가운데 1894년 하반기가 장식되었고, 그 결과는 근대 한국과 동아시아의 지형을 새롭게 결정짓는 출발점이 되었다. 이 장에서는 전주성 해산 이후부터 9월 재봉기 직전까지의 양상을 살펴보자.

사진 24 농민군의 집강소통치 기록화

1. 전주성 해산 이후 농민군의 동향

5월 8일 전주성에서 나온 농민군은 둘로 나뉘어, 1대는 김제·부안·고부·무장 방향으로, 1대는 금구·태인 방향으로 나아갔다. 전봉준은 금구와 김제를 거쳐 10일 태인에 이르렀고, 손화중은 8, 9일경 약 2,000여 명을 거느리고 흥덕을 경과하여 무장방향으로 향했다. 전봉준은 태인에 머물다가 13일에 "아직은 각처에 믿을 만한 곳에 몸을 숨기어 함부로 행동하지 말고 또 경군과 청국군이 바로 와서 추격하더라도 절대 싸우지 말고 시기를 기다려야 한다"는 지휘를 내리고 태인읍에 무기를 일부 반납하고 남쪽으로 내려갔다. 전봉준과 행로를 같이 하던 김개남도 이무렵 전봉준과 헤어졌다.

이후 전봉준이 이끈 농민군은 17일에 태인 경계에서 나와 정읍 일대를 휩쓸었고, 전봉준은 장성(20일) 담양(28일)을 거쳐 6월 초중순에는 순창, 옥과, 광주, 남평, 능주를 순회하였다. 김개남이 이끈 농민군은 태인 일대에 머물러 있다가 23일경 태인을 떠났고, 김개남은 6월 초하순까지 순창, 옥과, 담양, 창평, 동복, 무안, 순천, 보성, 곡성 등 전라도 일대를 순회하였다.

농민군 지도자들은 이처럼 각각의 농민군을 이끌며 전라도 전역을 휩쓸었다. 그런 가운데 전주화약의 내용 즉 신변보장과 폐정개혁의 실행을 지속적으로 요구하였다. 예를 들어 농민군은 5월 중순경 순변사 이원회에게 다음과 같이 요구하였다.

우리들의 거사는 모두 지난번 감사가 억지로 모함하여 병사를 움직였기 때문이며, 병기를 가지고 명을 받들지 않은 것은 부득이 한데서 나온 것이다. … 이 지경에 이르러 우리들의 오늘의 정경은 진퇴유곡으로 비록 초토사의 화해의 칙서를 받들었으나, (농민군이) 지나가는 읍마다 (관의) 복병이 일어나 금구관(金溝官)의 도륙, 나주목과 영장의 살륙 등 무고하기가 그 수를 헤아릴 수 없으니, 모두 돌아가 편안히 생업에 종사하라는 교시를 어찌 믿을 수 있겠는가. … (이에) 여러조목의 원정(原情)을 올리니 일일이 들어준다면 우리들은 편안히 돌아가겠다.

갑오 오월 일

〈소원열록 23개조〉

1. 전운소의 조복(漕卜)은 해당읍으로부터 상납하는 것을 복구할 것
2. 균전관이 속여 늘린 진결(陳結)은 백성을 해치는 것이 크니 혁파할 것
3. 결미(結米)는 대동법의 예에 의거하여 복구할 것
4. 지난번 감사가 이미 거두어들인 환곡은 뒤에 다시 거두지 말 것
5. 어느 곳의 보(洑)를 물론하고 세금을 거두지 말 것
6. 각읍 지방관이 해당읍에서 답(畓)을 사고 산을 쓰는 것은 법률에 의해 처벌할 것
7. 각읍 시정(市井) 각 물건의 분전수세(分錢收稅)와 고도명색(都賈各色)은 혁파할 것
8. 공금을 축낸 것이 천금이면 곧 죽여서 죄를 씻게하고 족척에 배정하지 말 것
9. 받지 못한 지 오래된 사채를 관장(官長)을 끼고 강제로 거두는 것을 모두 금단할 것
10. 각 읍 이속(吏屬)들을 돈을 받고 임명하지 말 것
11. 세력으로 남이 먼저 쓴 무덤을 빼앗는 자는 사형에 처하고 처벌할 것
12. 각 포항(浦港)의 잠상무미(潛商貿米)는 모두 금단할 것
13. 각 포구의 어염세전(魚鹽稅錢)은 시행하지 말 것
14. 각읍의 관아에서 수요되는 물종(物種)은 시가에 따라 사서 쓰도록 하고 공정(公定)하지 말 것
15. 탐관오리로 잔민(殘民)을 침학하는 자는 일일이 파출할 것
16. 동학인을 무고히 살육하고 (동학에) 관계된 사람을 가둔 자는 일일이 신원할 것
17. 전보국은 민간에 큰 피해가 되니 혁파할 것

18. 보부상 잡상이 작당하여 행패하니 영영 혁파할 것
19. 흉년에 백지징세(白地徵稅)를 하지 말 것
20. 민호(民戶)의 역(役)을 따로이 분정(分定)하여 가렴하는 일을 일체 혁파할 것
21. 결상두전(結上頭錢) 고전각색(考錢各色)이 해마다 증가하니 아울러 시행치 말 것
22. 경영병저리료미(京營兵邸吏料米)는 구례(舊例)에 따라 삭감할 것
23. 본 영문의 진고전(賑庫錢)은 곧 민고(民膏)를 다하게 하는 것이니 영영 혁파할 것

이어 18일에는 "소원조례(위 23개 조항)와 같이 되지 않는다면 지금 비록 해산한다 해도 내일 다시 모일 것이다. 지극히 원통한 정경이 씻어진다면 자연히 안업(安業)하겠다"고 하였다.

이에 농민봉기의 수습에 나선 감사 김학진은 5월 20일에 6개 항목으로 된 첫 수습방안을 제시하였다. 각 항목별로 요지만 간추리면 다음과 같다.

1. 너희들의 요구가 아니어도 작은 폐단은 감영에서, 큰 폐단은 중앙에 보고하여 혁파할 것이다.
2. 각 면리에는 집강이 임명되어 있으니 억울한 일이 있는 자는 해당 집강에게 사유를 갖추어 소송하라.
3. 소지한 병기는 일체 소재지 군현에 반납하라.
4. 병기 반납 외에 재물과 곡식에 관한 것은 오늘 이전의 것은 영구히 불문(不問)에 붙이도록 할 것이다.
5. 올해의 호역(戶役)과 각종 공납을 일체 면제한다.
6. 너희들이 편안히 생업에 종사토록 하는 일에 관한 제반 급무는 차차 시행할 것이다.

한마디로 기존의 행정질서를 그대로 유지하면서 농민군의 무장해제와

귀가안업, 정부 주도의 폐정개혁을 이룬다는 내용이다. 그러나 이는 '폐정개혁의 관철과 신변보장'이라는 농민군의 요구를 충족시키지 못하는 것이었던 만큼 농민군은 이를 수용하지 않았다.

그런 가운데 농민군의 세력이 날로 증강되자 김학진은 6월 7일 적극적인 수습 방안의 하나로 집강안(執綱案)을 제시하였다. 그것은 농민군의 무장해제와 귀가안업을 전제로, 면(面)·리(里)단위의 행정실무자인 집강을 해당 지역의 농민들이 직접 뽑도록 하는 것이었다. 1차 수습안에 비해 크게 진전된 것이기는 했지만 농민군은 이 역시 받아들이지 않았다. 오히려 전라도 전역에서 농민군의 세력이 증대되어 갔고 일부 지역에서는 보다 강경한 분위기가 형성되고 있었다. "(농민군은) 지나가는 읍마다 … 읍촌에 두루 퍼져 민가의 총과 말을 거두고 부유한 백성의 돈과 곡식을 빼앗았으며 작은 원한이라도 있으면 반드시 갚았다"는 것과 같은 강경한 활동은, 김개남이 장악하거나 순회하는 지역에서 특히 두드러졌다.

이같은 상황에 변화를 가져온 것은 6월 21일에 벌어진 일본군의 궁궐(경복궁) 점령사건이었다. 일본군의 궁궐 점령사건이란 농민군의 전주성 철수 즉 내정(內政)이 안정되었음을 들어 조선정부가 일본군의 철병을 요구하자, 억지로 내세운 명분마저 잃은 일본이 조선의 내정을 개혁하라고 협박하던 끝에 비상수단으로써 궁궐을 점령한 사건을 말한다. 일본군은 이 직후에 김홍집(金弘集)을 수반으로 하는 갑오개혁 정권을 세우고 내정을 간섭하는 한편, 아산만에 있던 청군을 공격하여 청·일전쟁을 도발하며 노골적으로 침략야욕을 드러냈다.

2. 일본의 공작과 청·일전쟁

일본은 이미 20여년전인 1870년대부터 조선침략의 야욕을 공공연하게 드러내고 있었다. 즉 1871년 일본에는 이른바 정한론(征韓論)이 등장하였다. 1868년 메이지유신으로 '천황(天皇)'을 실질적인 통치자로 복권시킨 일본은 조선국왕에 대한 일본 '천황'의 우위를 확보하려 했다. 그러나 조선이 이를 거부하자 군대를 동원해서 조선을 응징하자는 세력이 준동했던 것이다. 이 정한론은 짧은 기간동안 잠복하였다. 그러다가 일본국내의 불안한 정세를 대외문제를 통하여, 즉 관심을 대외로 돌려 해결하려는 메이지정권의 정책이 세워지면서 곧바로 구체화되었다. 그 첫 시도는 1875년 운요호사건에 이은 1876년의 강화도조약으로 나타났다.

이후 일본은 대륙팽창욕을 드러내며 동아시아에서의 패권을 유지하려는 중국과 맞부딪치게 되는데, 이 양국의 대결은 주로 조선에 대한 영향력 확보문제를 두고 일어났다. 조선을 둘러싼 양국의 첫 대결은 1882년 임오군란 때였는데, 이 대결에서 4,500여명의 군대를 파견한 청이 기선을 제압하며 조선에 대한 영향력을 확고히 하였다. 양국의 대결은 1884년 갑신정변 때로 이어졌다. 이때 개화파의 뒤를 돕던 일본은 갑신정변이 청의 간섭으로 실패함에 따라 또다시 수세적인 입장에 처했다. 두 사건을 계기로 위기감을 느낀 일본은 본격적으로 군비 확장정책을 펴며 조선진출의 기회를 노렸다.

동아시아에서의 패권, 특히 조선에 대한 독점적 지배권을 지키려는 중국. 대륙으로 팽창하려던, 그래서 무엇보다도 먼저 조선에 대한 지배권을 쥐어야 했던 일본. 당시 조선은 이 두나라 사이에 끼여 그 치열한 격전장이 되었다.

이런 상황이었으므로 1894년 5월 청군의 조선파병은 일본으로서는 결코 놓칠 수 없는 기회였다. 앞서 본대로 일본은 조선의 요청이 없었는데도 청국과 동시에, 그러나 더 많은 군대를 조선에 파견하였다. 그런데 일본에서는 이때 이미 청·일전쟁을 도발하고 조선을 침략해야 한다는 주장들이 강력히 제기되고 있었다. 하나의 예로 일본이 파병을 결정할 당시에 일본군 참모본부차장 가와카미(川上) 육군중장은 다음과 같이 주장하였다(일본군대의 참모총장은 일본국왕이었다).

　　일본은 1882년 1884년의 서울 사변의 시기에 청국때문에 매번 기회를 놓쳐 실패했다. 따라서 청국의 조선출병에 대처해서 일본군은 청국이상의 병력수를 내서 1882년과 1884년의 굴욕을 씻어야 한다. 청국이 조선에 파견하는 병력수는 5천명을 넘지 못할 것이다. 따라서 일본군은 적어도 7-8천명의 군대를 동원하지 않으면 안된다. 이 군대를 동원하면 가령 일·청 양군이 서울 부근에서 충돌한다 하더라도 일본군은 어렵지 않게 이를 격파할 것이다. 이홍장 직속의 정병이 4만이라고 하고 있으나 그중 3만 가량을 조선에 파견할 수 있다 하여도 우리는 이에 대응하여 정병을 파견하고 평양을 중심으로 일전을 시도하여 이를 격파하게 된다면 조선을 모조리 우리 세력권으로 만드는 것은 결코 어렵지 않다.

하지만 청·일군대의 출병직후에 농민군이 전주성에서 철수함으로써, 조선의 정국은 일본의 기대와는 일단 다른 방향으로 흘러갔다. 5월 9일 조선정부는 농민군이 전주성에서 철수했으므로, 즉 내정이 안정되었으므로 일본군은 철병하라고 요구하였다. 이로써 일본은 억지로 내세운 출병 명분마저 잃어버린 것이다. 그러나 일본은 '농민군 해산이 사실과 다르다', '청군이 증강된다'고 하면서 철병을 거부하는 한편, 청과 분쟁을 일으키기 위한 방법을 모색하였다. 조선정부는 10일 청군의 철병도 요구했으나 원세개 역시 일본군의 증강을 앞세워 거부하였다. 당시 청은 원세개로 하여금 일본의 특명전권공사(特命全權公使) 오오도리 게이스케

(大鳥圭介)와 청·일 공동철병 방안을 논의하도록 지시했지만, 공동철병
안은 일본측의 거부로 곧바로 파기되었다.

조선정부는 양국군대를 철수시키기 위해 조선 주재 서양 각국의 공사
들에게도 도움을 청했다. 이에 가장 먼저 호응한 것은 청의 중재를 받은
러시아였다. 즉 5월 22일 러시아는 "조선정부는 조선의 내란이 이미 진
정되었다는 것을 각국에 알렸고, 또 일·청 양국의 군대를 함께 철수시
키는 일에 각국의 지원을 바라고 있기 때문에 … 만약 일본 정부가 청
국정부와 동시 철수를 거절한다면 스스로 중대한 책임을 면키 어렵다는
사실을 충고한다"며 일본군의 철수를 강력히 요구했다. 이에 대해 일본
정부는 '조선의 사변을 일으킨 근본원인은 아직 제거되고 있지 않다. 현
재 일본이 군대를 파견하게 되었던 내란조차 여전히 수습되고 있지 않
은 상태이다'며 러시아의 철병요청을 일축했다.

6월에는 영국과 미국 등도 중재에 나섰다. 영국의 경우, '양국 군대가 조
선의 남북을 공동으로 점유한 후 서서히 양국의 관계정상화를 위한 조화로
운 조치를 취할 것'을 두나라에 권고하였다. 그러나 일본은 열강의 모든 조
정안을 거부했다. 사실 러시아 등 열강의 개입은 조선을 위해서가 아니라,
청·일 어느쪽이든 조선에 대한 확고한 영향력을 갖는 것을 원치 않는 입
장에서 비롯된 것이었다. 어떻든 열강의 조정도 아무런 효과가 없었다.

일본은 청·일전쟁을 도발하고 조선을 장악하기 위한 계획을 서둘러
세워갔다. 그리하여 5월 26일경 일본은 무력으로 조선 궁궐을 장악한다
는 방침을 정하였다. 또한 일본은 6월 10일 청과의 전쟁을 사실상 결정
짓고 일본공사에게 "지금 시점에서는 단연한 조치를 취할 필요가 있는
데, 이왕지사 외부로부터 심한 비난을 받는 한이 있어도 상관없으므로
어떤 구실을 찾아서라도 (청·일전쟁을 위한) 실제적인 조치를 취하라"
는 지시를 내렸다.

청·일전쟁을 도발하고 조선을 장악하려는 일본의 의도와 그 구체적
인 실행방법은 외무대신 무쓰 무네미쓰(陸奧宗光)의 다음 한마디에 응
축되어 있다.

우리 군대가 아산에 있는 청군을 공격하고 싶어도 반드시 조선정부의 위탁
을 기다리지 않으면 안된다. 따라서 조선정부가 위탁을 하기에 앞서 우리는 강
력한 힘으로 조선정부를 압박하여 우리에게 굴종시켜야 한다. 가혹하게 말하자
면, 조선국왕을 먼저 우리 수중의 포로로 하지 않으면 안된다.

즉 일본은 '조선국왕을 포로로 잡아 조선정부를 장악하고(1단계 ; 괄
호안은 필자주, 이하 같음) → 조선정부를 압박하여 청국 군대의 축출을
일본에 의뢰케 하며(2단계) → 조선의 의뢰를 기다려 청군을 공격한다(3
단계)'는 계획을 세운 것이다.

사진 25 서울 아현동에 진을 친 일본군 혼성여단

이를 실행하기 위해 일본은 6월 17일 조선정부에 대하여 '청국과 맺은 모든 조약을 파기하고 청군을 조선에서 철수시켜 조선이 자주독립국가라는 것을 실증하라'는 내용의 최후통첩을 보내왔다. 이어 이 요구에 대한 조선정부의 회답을 20일까지 보내라고 못박았다. 그리고는 인천에 주둔한 혼성여단을 서울에 투입하여 남산에 대포를 설치하고 경복궁을 겨냥하였다. 또 곳곳에 포를 설치하고 서울로 들어오는 길을 통제했는가 하면 완전무장한채 매일 시내를 행진하고 궁궐앞에서 군사훈련을 하는 등 압력을 가했다.

그러나 일본의 요구는 조선으로서는 결코 받아들일 수 없는 것이었다. 물론 일본도 이 사실을 잘 알고 있었다. 처음부터 일본의 목적은 조선이 자신들의 요구를 받아들이지 않는다는 핑계로 침략의 꼬투리를 잡으려는데 있었다. 말하자면 일본의 무리한 요구는 1단계 계획을 성사시키기 위해 내세워진 것이었다. 예상대로 조선정부로부터 아무런 회답도 없자, 일본군은 21일에 군사행동을 개시하였다.

이날 새벽 일본군은 용산에 있는 병력을 출동시켜 궁궐 출입문을 폭약으로 부수고 들이닥쳤다. 궁궐안에서는 기영병(箕營兵 ; 평양감영군사) 5백명이 총과 대포를 쏘며 저지하였다. 그러나 오오도리 공사의 협박으로 고종이 '망령되이 움직이는 자는 벤다'는 명령을 내리자 기영병은 통곡하며 총과 포를 부수고 군복을 찢고서 궁궐에서 물러났다. 이것이 일본군의 경복궁 점령 사건이다. 고종은 사실상 일본군의 포로가 되었고 친청파(親淸派)인 민씨일파는 추방당했다. 이날 일본군은 고종을 위협하여 대원군에게 일체의 정치를 위임한다는 전교를 내리게 했다. 일본은 대원군을 꼭두각시로 세운데 이어 23일 김홍집을 총리대신으로 한 개화정권을 조각하였다.

이처럼 조선정부를 장악한 일본은 청·일 양국의 전쟁을 피할 수 없

사진 26 일본군대의 경복궁 무력 점령

는 상황으로 몰아가는데 초점을 맞추고 신속하게 공작을 폈다. 그리하여 일본은 22일 '조·청 사이에 맺은 모든 조약을 파기하고 청군의 철병을 선언하라'고 조선정부에 요구하였다. 그리고 그 즉시 청군을 조선에서 내쫓는 작업에 착수하여, 조선정부로 하여금 아산에 있는 청군의 철퇴를 일본에 의뢰토록 강압하였다. 이에 대해 조선정부가 완강하게 거부하자, 일본은 칼을 빼 들고 고종을 협박하여 이를 강제로 취하였다. 2단계 계획을 실행한 것이다.

이렇게 개전(開戰)의 구실을 만든 일본군은 6월 23일 아산만 앞 풍도 (豊島)에 주둔한 청군에게 공격을 퍼부었다. 이로써 일본의 계획은 모두 실행되었고, 동아시아 세력 판도 변화에 분수령이 된 청·일전쟁의 막이 올랐다. 풍도 앞바다에서 일본군의 기습공격을 받은 청 해군은 이렇다 할 전투도 치르지 못한 채 1천여명의 희생자를 냈다. 27일 일본군은 충청도 아산과 성환에 주둔한 청군을 공격함으로써 육지에서의 전투도 시작되었는데, 여기서도 청군은 1천여명의 군사를 잃고 패퇴하였다.

청의 이홍장은 6월 29일 주청(駐淸) 각국 공사를 초빙하여 '청·일 양국은 아직 선전(宣戰)도 하지 않은바 일본군이 갑자기 우리 함대를 공격하였으니 실로 공법(公法)을 위반하였다'는 성명을 내고 일본과의 국교단절을 통보하는 한편, 조선에 대한 속방(屬邦) 보호와 일본군의 축출을 선언하였다. 풍도 앞바다의 해전과 성환·아산의 육전으로 불붙은 청·일전쟁은 7월 1일 일본이 청에 대해 선전포고함으로써 본격화되었다.

청·일전쟁에서 가장 큰 전투는 8월 16-17일 평양에서 전개되었다. 이날 청군 2만여명과 일본군 12,000여명이 평양성을 사이에 두고 격전을 벌였는데, 이 전투에서 일본군은 청군을 궤멸시킨데 이어 17-18일에는 대동강과 압록강 앞바다의 해전에서도 승리하였다. 청의 경우 일본

사진 27 성환전투에서 청군을 격파하고 돌아오는 일본군대

과 달리 전쟁준비를 치밀하게 계획하지 못한데다 일본군의 군사력을 과소평가했고, 위정자들간에 내부갈등까지 겹쳐 효율적인 전쟁수행이 어려웠다. 평양전투에서 참패한 청군은 패배를 거듭하며 9월말 조선에서 물러났다. 그러나 일본군은 공격의 고삐를 늦추지 않고 중국대륙까지 계속 진격해 갔다. 9월말 중국의 봉천성, 10월중순 여순항, 12월말 산동반도를 점령한 일본군이 이듬해 1월 22일 지무까지 장악하자 청은 백기를 들었다. 이처럼 청·일전쟁은 일본군의 일방적인 승리로 끝이 났고, 이는 누구도 예상하지 못한 결과였다.

사진 28 청군 포로

한편 청·일전쟁이 벌어지는 동안 조선의 중부이북은 전쟁터가 되고 병참기지가 될 수밖에 없었다. 일본은 조선을 전쟁에 끌어들이기 위해 7월 26일 '조선국은 일본군의 진퇴 및 식량준비를 위해 최대한 편의를 제공해야 한다'는 내용을 담은 '조일공수동맹조약(朝日攻守同盟條約)'을 강제로 체결하여 조선에서 인적·물적 자원을 징발했다. 전쟁기간 일본은 군대와 군수품 수송을 위해 부산에서 서울에 이르는 요충지에 21개소의 병참부를 설치하고 조선인들을 인부로 강제 동원했다. 조선인들은 이런 일본의 강제동원에 강한 거부반응을 나타냈고, 결국 일본군의 진격로를 중심으로 하여 곳곳에서 반일(反日)봉기가 터져 나왔다.

이같은 청·일전의 결과, 중국은 수천년간 이어온 동아시아 패권자의 자리를 일본에 내주고 경제적 파멸에 접어들었다. 또한 조선은 일본 자본주의의 원료공급지로 또 그들의 자본제 상품시장으로 전락하였고 끝내는 식민지가 되었다. 반면 일본은 팽창주의적 산업화에 성공하는 한편, 대내적인 불만을 한꺼번에 해소하면서 동아시아의 새로운 패권자로 떠올랐다.

3. 일본의 내정간섭과 갑오개혁

농민군의 전주성 해산 이후에 조선정부가 일본군의 철수를 요구하자, 일본은 또다른 구실을 들고 나왔다. 일본은 5월 12일 내각회의에서 "조선의 내란을 일·청 양국 군대를 공동으로 동원하여 되도록 신속하게 진압하여 혼란을 평정한 다음, 내정개혁을 위한 상설위원 몇 명씩을 일·청 양국에서 파견하여, 대략 조선의 재정 상황을 조사하고 중앙정부 및 지방관리들의 옳고 그름을 밝혀 부패를 척결케 하며, 그러는 과정에

서의 혼란을 방지하기 위해 필요한 경비병을 두어 조선 국내의 안녕을
도모하자"는 양국 공동의 내정간섭안을 마련한 뒤, 13일 이를 청나라에
제안하였다.

그런데 이 내각회의에서 일본은 "청국 정부와의 협의의 성립 여하에
불구하고 (내정개혁의) 결과가 판명될 때까지는 지금 조선에 파견중인
우리 군대는 절대로 철수할 수 없으며, 또한 만약에 청국 정부가 우리
제안에 찬동하지 않을 때에는 제국 정부는 독자적으로 조선 정부로 하
여금 내정개혁을 하도록 한다"는 방침을 정해 두고 있었다. 결국 '두 나
라가 같이 조선의 내란을 진압하고 내정개혁에 착수하자'는 제안의 속
뜻은, 일본군을 조선에 그대로 주둔시키는 한편 청과의 분쟁을 모색하는
방안이었던 것이었다.

이에 대해 중국은 5월 18일 '조선의 내란은 거의 평정된 상황이고 조선
은 개혁은 스스로 할 일이므로 내정을 간섭할 권리가 없으며, 청·일은
철군문제를 계속 의논해야 한다'며 일본의 제안을 거절하였다. 그러자 다
음날 일본은 청에 대해 제1차 절교서(絶交書)를 보내고 단독으로 조선의
내정개혁을 추진하겠다고 선언하였다. 그리고 6월 1일 일본공사를 통해
자신들이 만든 내정개혁방안강목을 조선정부에 제시하며 내정개혁을 강
요하였다. 조선에 대한 내정간섭을 실행에 옮기기 시작한 것이다.

이런 상황에 부딪쳐 조선정부는 두차례의 비밀회의를 열었다. 이 자
리에서 영의정 김병시는 다른 나라로부터 개혁을 강요받는 곤혹스러운
처지에 대해 이렇게 말하였다.

　　지금 전하께는 신하도 없고 백성도 없습니다. 조정에 진실로 사람이 있다면
저들이(일본) 이토록 거리낌이 없겠습니까. 만일 우리가 마음대로 군대를 이끌
고 일본의 서울에 들어간다면 저들 또한 말 한마디도 없겠습니까. … 어찌 다

른 나라의 권고를 기다려 자립을 하겠습니까. 또 이번의 정치개혁이라는 것도 저들의 말을 그대로 쫓으면 저들의 자주(自主)이지 어찌 전하의 자주라 이르겠습니까. 책자(내정개혁안)를 받아 온 것으로 이미 나라의 체면을 잃었는데 그 조항대로 쫓으려 합니까. … 다른 나라의 말을 기다릴 것 없이 스스로 우리가 먼저 다스림을 도모하는 것이 좋을 겁니다. …

아무튼 비밀회의 끝에 정부는 6월 11일 독자적인 개혁을 추진한다는 결론을 내리고 교정청(校正廳)의 설치를 결정하였다. 그리고 일본에는 '내정개혁은 이미 수년 동안 우리 스스로가 필요하다고 인정해 온 데는 이의가 없으나, 지금 일본정부가 강대한 군대를 서울에 주둔시켜 놓고 개혁실행의 시기를 촉구하는 것은 내정간섭이 아니고 무엇인가. 우리는 이런 내정간섭을 받아들이기 어렵다'고 통보하였다. 일본의 내정간섭을 강력히 거부한 것이었다. 교정청은 6월 16일 12개조의 개혁안을 정하고 이를 각 지방에 통보하였다. 교정청의정혁폐조건(校正廳議定革弊條件) 12조는 다음과 같다.

1. 이서(夷胥)가 포탈한 것이 많은 때는 절대로 용서치 말고 즉시 법에 따라 처벌할 것
2. 공채와 사채를 막론하고 족징(族徵)하는 일은 일체 거론하지 말것
3. 지방관이 자신의 관할지역에서 토지를 매입하거나 묘지를 점유하지 못하게 하며 이를 어길 때에는 토지는 공유로 하고 무덤은 파서 이장할 것
4. 채무에 관한 송사가 30년이 지난 것은 따지지 말 것
5. 각 읍의 향리를 임용할 때에는 한결같이 법에 견주어 시행하되 만약 법을 어기고 뇌물을 주는 자는 죄로 다스릴 것
6. 권세를 믿고 먼저 쓴 묘지를 침탈하는 것을 일체 엄금하고 묘지를 씀으로써 못쓰게 된 토지는 일일이 적발하여 세금을 거둘 것
7. 각읍의 관수(官需) 물자는 시가에 따르고 관아간의 진상품이나 배급품도

시가에 따를 것이며 소위 관에서 지정하는 것은 혁파할 것

8. 보부상외에 이름을 걸고 무리를 짓는 것은 각별히 엄금할 것

9. 서울 각 사(司)에서 세금을 정하는 것은 반드시 정부에 보고할 것이며 만약 사사로이 백성에게 세금을 거두는 자는 마땅히 무거운 유배에 처할 것

10. 원래 정해진 결세와 호포 외에 더 거두는 것은 각별히 엄금하고 만약 그런 일이 있으면 곧바로 덜어 줄 것

11. 경저리(京邸吏)의 역가미(役加米)는 구례대로 시행하고 20년이래 더 거둔 것은 논하지 말 것

12. 민고(民庫)를 혁파할 것

요컨대 탐관오리를 제거하고 잘못된 조세수취를 바로잡겠다는 것으로, 이는 농민군이 그동안 줄기차게 요구해 온 폐정개혁요구안과 대부분 일치한다. 정부는 농민군의 요구를 받아들여 불만을 무마하고 체제를 유지하기 위해 힘을 쏟았던 것이다. 그러나 불행하게도 교정청은 불과 며칠 뒤에 벌어진 일본군의 경복궁 점령 직후 철폐되어, 위의 개혁안은 시도조차 되지 못하였다.

6월 22일 섭정에 나선 대원군은 민영준을 비롯하여 병조판서 민영규 등 민씨일파를 축출했다. 그리고 일본공사 오오도리의 권고를 받아들여 25일 최고권한을 가진 군국기무처(軍國機務處)를 설립했다. 김홍집이 영의정에 임명되면서 군국기무처의 총재를 겸하였고, 박정양 민영달 김윤식 김종한 조희연 이윤용 김가진 안경수 정경원 박준양 이영경 김학우 권영진 유길준 김하영 이응익 서상집 등 개화파 인사들이 그 위원이 되었다. 이 군국기무처는 행정과 입법기능을 가진 개화파 정권의 실체였다. 개화파 인사들은 군국기무처를 통해 국가의 개혁사업을 펴 나갔으나, 이는 사실상 일본의 직·간접적인 통제하에 이루어졌다.

군국기무처는 11월까지 존속했는데, 실제로 이 기구가 활동한 것은 8

월말까지 약 3개월간이었다. 이 기간동안 군국기무처는 40회 정도의 회의를 거쳐 189개의 개혁안건을 포함 약 210건의 의안(議案)을 심의 통과시켰다. 군국기무처가 이때 추진한 개혁을 갑오개혁(甲午改革) 또는 갑오경장(甲午更張)이라고 부른다.

군국기무처는 의안이라는 이름으로 개혁책을 발표했는데, 6월 28일에 내놓은 첫 의안의 내용은 다음과 같다.

1. 국내외의 공사(公私) 문첩(文牒)에는 개국기년(開國紀年)을 쓸 것
2. 청국과는 조약을 개정하고 전권공사를 각국에 파견할 것
3. 문벌과 반상의 등급을 없애고 귀천 없이 인재를 뽑아 쓸 것
4. 문무는 존비의 구별을 폐지하고 품계에 따라서만 서로 의식을 거행할 것
5. 연좌율(緣坐律)을 일체 폐할 것
6. 적처(嫡妻)와 첩 모두에게 아들이 없은 뒤에야 양자를 허용할 것
7. 조혼은 엄금하고 남자는 20세 여자는 16세가 되어야 혼인을 허락할 것
8. 과부의 재가(再嫁)는 귀천을 가릴 것없이 허락할 것
9. 공사 노비의 법은 일체 혁파하고 인신의 매매를 금할 것
10. 평민이라 할지라도 나라에 이롭고 백성에 편한 의견이 있는 자는 군국기무처에 상서(上書)하여 회의에 붙일 것
11. 각 아서(衙署)의 기예는 필요한 수량을 헤아려 가감해서 설치할 것
12. 의제(衣制)를 편리하게 고칠 것

이 가운데 일부 내용이 농민군이 주장한 폐정개혁과 밀접하게 관련되어 있어 주목된다. 또한 노비제를 혁파하는 등 법적으로 신분제를 철폐함으로써 우리나라 근대개혁의 효시로 손꼽히기도 한다. 그러나 지금까지 보았듯이 이는 일본의 간섭과 조정을 등에 업은 채 시행된 한계를 지니고 있으며, 그나마 시간이 흐를수록 근대 개혁적인 정신마저 후퇴하고 말았다.

이처럼 일본은 한편으로 청과의 전쟁을 치르면서 다른 한편으로는 조

선의 내정에 깊숙이 관여했다. 또한 일본은 전쟁중에 조선에서 많은 경제적 이권을 강탈하였다. 조선의 반대에도 불구하고 서울-부산간 일본 군용전신공사에 착수하여 무력으로 이권을 탈취한 것을 시작으로 철도 및 전신건설 등의 이권을 넘겨주도록 한 '조일잠정합동조관'을 체결했다. 일본은 경부선과 경인선의 철도 부설권을 탈취하고 곡창지대인 호남에서 생산되는 곡물을 반출하기 위해 목포 등지의 개항을 강력히 요구했다. 일본은 청·일전쟁하의 점령체제를 이용하여 조선에 대한 정치·경제적 침탈 야욕을 노골적으로 드러냈던 것이다.

4. 집강소의 설치

농민군의 이야기로 돌아가자. 일본군의 경복궁 점령 소식을 접한 김학진은 민족적 위기를 명분으로 삼아 농민군 지도부에 회담을 제의하였고, 전봉준은 이를 수락하였다. 다음을 보자.

서울에 난(亂)이 일어났다(일본군의 경복궁 점령)는 소식을 듣고 김학진은 군관(軍官) 송사마(宋司馬)에게 편지를 가지고 남원에 들어가 봉준 등에게 (그 상황을) 설명하고 나라의 어려움을 함께 하자며 도인들을 이끌고 전주를 함께 지키자고 약속하게 하였다. … 봉준은 편지를 들고 머뭇거리다가 탄식하면서 '중요한 일을 당함에 한번 죽어 나라에 보답할 수 있다면, 내가 난을 일으킨 죄를 속죄하겠다'고 하고 마침내 무리를 정돈하고 행동할 계획을 세웠다. 그러나 개남은 이를 따르지 않고 (자신의) 부대를 거느리고 사잇길로 도망하여 돌아갔다.

이렇게 하여 김학진과 전봉준은 7월 6일 전주에서 회담을 가졌다. 이 전주회담장의 광경에 대해 유학자 황현은 다음과 같이 기록했다.

　(전봉준이 40~50명의 무리를 거느리고) 선화당에서 김학진을 만났는데, 김학진이 길 양쪽에 무장한 군인을 배치시켜 놓았으므로 전봉준 등은 긴장하여 얼굴색이 변하였다. 이들은 머리를 조아리고 타이르는 말을 들으며 군에서 자신들을 써 주기를 소원하였다. 김학진은 이들을 신뢰하여 전봉준에게 "그대가 항복한다면 나머지 사람들은 종이 한 장으로 부를 수 있을 것이니, 이로써 세상에 둘도 없는 공을 이룰 수 있다"고 하면서 마침내 진심으로 함께 이야기를 나누며 속마음까지 들어내 보여 의심이 없다는 것을 보여주었다. 그리고 (전라)감영의 군정(軍政)을 모두 전봉준에게 넘겨주었다.

전주회담의 내용을 잘 보여주는 또다른 기록도 있다.

　관찰사는 전봉준 등을 감영으로 불러들였다. 이때 지키고 섰던 군졸들이 각자 총창을 들고 좌우에 정렬하였다. 전봉준은 높은 관에 마의를 입고 당당히 들어왔는데 조금도 거리낌이 없었다. 관찰사는 전봉준과 관민상화지책((官民相和之策)을 의논한 뒤 각군에 집강을 두는 것을 허락하였다. 이에 동도(농민군)들은 각 고을에 나누어 머물며 공해(관청)에 집강소를 설치하고 서기(書記), 성찰(省察), 집사(執事), 동몽(童蒙)과 같은 직임을 두었는데 완연한 관청을 이루었다. 동도들은 날마다 민재(民財)를 토색하였고 소위 읍재(邑宰)는 단지 이름만 있어 행정을 할 수 없었다. 심한 경우 동도들은 읍재를 쫓아내기도 하였고 이서들은 모두 동당(東黨)에 들어가 목숨을 보전하였다.

이처럼 전주회담에서 전봉준과 김학진은 관민상화의 원칙에 따라 정부와 농민군이 협력하여 전라도내의 안정과 치안질서를 바로잡기로 약속하였다. 그리고 그 구체적인 실행방법으로서 각 군현에 집강소를 전면적으로 설치 운영하기로 합의하였다. 곧 김학진은 농민군의 지배력을 합법적인 수준에서 인정했을 뿐 아니라, 일정한 치안권과 자치권을 전봉준에게 위임하여 이를 통해 전라도내의 안정을 꾀하고자 한 것이며, 전봉준은 관과 농민군이 협력하여 치안질서를 바로잡고 도내의 안정을 추구하는 타협적인 집강소체제를 추진한 것이다.

회담을 마친 전봉준은 8일 전주 봉상면 구미리로 나왔고, 휘하 농민군은 전주성 안팎의 각처에 주둔하였다. 김학진과의 합의에 따라 전주성 안에 전라좌우도 대도소를 설치한 전봉준은 송희옥(宋熹玉)을 도집강(都執綱)으로 임명하는 한편, 각 군현에 통문을 보내 회담의 결과를 알리고 군현 단위로 집강을 두도록 하였다. 전라도 일대에 집강소가 전면적으로 설치 운영되기에 이르렀던 것이다.

동시에 전봉준은 "1. 이미 거둔 포, 창, 칼, 말은 각 접주가 그 숫자와 소유한 자 등을 상세히 적어 하나는 감영에 두고 하나는 각 집강소에 둘 것. 2. 역마(驛馬)와 상마(商馬)는 각각 본 주인에게 돌려줄 것. 3. 포를 거두고 말을 빼앗는 것을 일체 금지하며, 재물을 약탈하는 자는 감영에 보고하여 군율로 처벌받게 할 것. 4. 남의 무덤을 파고 사채를 받아내는 일은 일체 금지하며, 이를 어긴 자는 감영에 보고하여 처벌받게 할 것"이라며, 평민 침탈 금지와 치안유지를 지시하였다.

이로써 농민군의 최고지도자 전봉준은 기존질서와의 타협을 실행에 옮긴 것인데, 관과의 타협이 전봉준의 궁극적인 목적은 아니었다. 다음은 이 무렵에 전봉준이 전라도의 무주(茂朱)집강소 앞으로 보낸 통문이다.

방금 일본 오랑캐가 궁궐을 침범하여 국왕을 욕보였으니 우리들은 모두 마땅히 목숨을 걸고 의(義)로써 달려가야 할 것이다. 그러나 저들 오랑캐가 바야흐로 청과 더불어 교전중인데 그 예봉이 심히 날카로워 지금 만일 (우리가) 나가 싸운다면 그 화가 종묘사직에 미칠지도 모른다. 그러니 잠시 물러나 시세를 바라본 연후에 우리의 세력을 북돋은 다음, 계책을 취함이 만전지책(萬全之策)이다.

이를 보면 그는 관과의 타협으로 농민군의 세력을 보존하고, 이를 바탕으로 일본군의 침략이라는 민족적 위기에 효과적으로 대처하는데 뜻을 두었음을 알 수 있다.

전봉준은 이어 남원으로 내려갔다. 그 이유는 남원을 점령한 채 관과의 타협을 거부하며 시종 강경한 투쟁을 벌이던 김개남을 설득하기 위해서였다. 7월 보름경 전봉준과 김개남은 남원에서 대회를 열었다. 이때 남원에는 수만명이 모였고, 전봉준은 '각 읍의 포(包)에 영을 내려 읍마다 도소를 설치하고 그 친당(親黨)을 세워 수령의 일을 행하도록' 하였다. 김개남 역시 남원대회 직후, 그간 보여 온 강경한 행동을 중단하고 임실 산중에 은둔함으로써, 일단 소극적인 입장에서나마 회담의 결과를 지지하였다.

이로써 전라도는 전주 감영을 중심으로 한 행정체제와 전주대도소를 중심으로 한 농민군의 집강소체제가 양립하였다. 이 틀은 7월초에서 8월 하순까지 유지되었다. 이 체제 내에서 농민군은 전주대도소를 기반으로 정국을 주도적으로 운영해 갔는데, 다음의 기록은 이런 당시의 상황을 잘 보여준다.

전봉준은 김학진을 옆에 끼는 절호의 기회를 만들어 호남을 마음대로 요리하였다. 김학진의 좌우에 자신의 심복을 심어 놓고 몰래 다른 적(농민군)을 진지로 끌어들이면서 '성을 지킨다는 실제 뜻은 성을 포위하는 것'이라고 말하였다. 학진은 마치 꼭두각시처럼 일어나 쉬고 기침하는 것조차 마음대로 할 수 없었다. 다만 문서를 시행할 뿐이어서, 사람들은 그를 '(동학) 도인감사(道人監司)'라 불렀다

이같은 집강소의 설치 운영은 전라도에 국한된 것이었고 또한 일시적

인데 그쳤다는 한계가 있다. 하지만 집강소는 농민들이 자신의 힘과 의
지로 지방 단위에서나마 행정력을 장악하고 이를 인정받은 것이었다. 또
한 사회개혁의 조건을 농민들 스스로가 형성해 간 것이었다. 집강소를
통한 농민의 권력 참여는, 그것이 비록 불완전한 형태였다고 할지라도,
한국 근대사의 새 장을 연 것이라 아니할 수 없다. 그런 점에서 집강소
의 운영은 농민혁명에서 거둔 가장 큰 성과라고 평가할 만하다.

5. 전라도내 집강소 실태

동학농민혁명에 관한 대표적인 자료인『동학사』에서는 농민군의 집강
소에 대해 이렇게 적고 있다.

이 때는 갑오 오월순간(五月旬間)이라 동학군과 관군이 서로 강화(講和)를
이룬 후 관군은 경성으로 올라가고 동학군은 전라도 오십삼주(五十三州)에 집
강소를 설립하여 민간서정(民間庶政)을 처리케 되었다. 매읍(每邑)에 집강 일
인(一人)을 두고 의사원(議事員) 약간인(若干人)을 두었으며 대소관리들은 그
를 방조(幫助)하여 폐정개혁에 착수케 되었다. … 이로부터 전라도 오십삼주는
한 고을도 빠진 고을이 없이 모두 다 집강소가 설립이 되어 민간의 서정을 집
행하게 되었다.

이에 따라 그간에 집강소는 전주화약의 산물이며 5월부터 전라도 53
개 군현 전부에 농민군의 집강소가 설치되었다고 이해해 왔다. 그러나
집강소는 전봉준과 김학진이 합의한 산물로, 그것이 농민군 개개 조직의
본부인 도소와 꼭 일치하는 것은 아니다. 따라서 집강소가 전라도 일대
에 모두 설치된 것은 아니며, 그 기능 역시 농민군 세력의 강약에 따라

지역마다 다를 수밖에 없었다. 지금의 전북에 해당하는 군현을 집강소의 기능에 따라 묶어 보면 다음과 같다.

첫째 지방관의 유무와 관계없이, 농민군이 막강한 세력을 바탕으로 집강소를 장악하고 치안기능을 넘어 사실상 통치권을 행사한 지역이다. 전봉준의 직접적인 지도하에 있던 전주와 금구·태인, 김개남이 강대한 무장력으로 장악하고 있던 남원과 임실, 손화중의 세력기반지로서 6월 하순 척왜 봉기를 일으킨 무장, 그리고 고창과 흥덕은 상세한 설명이 필요 없는 그 대표적인 지역이다.

또한 김방서(金邦瑞)가 황등(黃登)에 대도회소(大都會所)를 두고 여러 접주에게 이리(裏里)·나포(羅浦)·대장촌(大場村)·춘포(春浦) 등에 회소를 나누어 사무를 보게 했던 익산, 6월 하순에 금구·김제·옥구 등지에서 온 농민군과 함께, 그리고 7월 초순에 웅포(熊浦)의 농민군과 함께 강력한 척왜(斥倭) 봉기를 일으켰던 함열도 이러한 지역으로 분류할 수 있을 것 같다. 이 밖에 차치구(車致九)가 지휘하던 정읍, 고부농민봉기 때로부터 김도삼·정익서가 이끌어 오던 고부 등 상당수의 지역도 여기에 해당되리라 짐작된다. 하지만 이 지역들의 양상을 구체적으로 확인해 주는 자료가 없어 단언하기는 어려운 상태이다.

둘째 농민군의 세력이 우세하지만 지배권력과 협조관계에 있던 지역으로, 순창이 이에 해당한다. 순창은 군수 이성렬(李聖烈)을 위협하는 김개남 휘하의 접주 남응삼(南應三)을 순창 집강 이사문(李士文)이 막고 나섰던 사례에서 보는 바와 같이, 농민군과 지배세력이 적절한 균형을 이루었던 것으로 판단된다.

셋째 농민군의 세력이 미약하여 집강소가 일시적으로 설치되었다가 곧 폐지되거나 보수지배층이 집강소를 장악하고 치안기능을 담당한 지역이다. 집강소가 설치되었다가 곧바로 폐지된 무주, 농민군이 전라도 일대를 장악한 7월에 민보군(民堡軍)을 조직하고 김개남의 진입을 거부했던 장수, 농민군과 보수지배층 사이에 마찰을 겪다가 8월경에 민보군이 득세하는 용담 등이 그러한 예이다. 7 - 8월간 민보군이 조직된 흔적이 있는 진안도 이러한 곳으로 분류될 수 있을 것 같다.

넷째 농민군이 조직되지 않거나 세력이 매우 약하여 보수지배층이 처음부터 집강소의 설치조차 거부했던 지역이다. 박봉양(朴鳳陽)이 이끄는 민보군 세력이 막강했던 운봉이 이에 해당한다. 운봉은 동학농민혁명 기간 동안 농민군에게 한 번도 점령되지 않았을 뿐 아니라, 9월 재봉기 때 정부군이나 일본군의 지원이 전혀 없는 가운데 남원의 농민군을 격파할 만큼 민보군 세력이 강성했던 곳이다. 운봉처럼 민보군을 조직하고 농민군에게 완강하게 저항했던 지역으로는 전남 나주가 있다. 농민군은 이곳을 7 - 8차례나 공략했지만 실패했다. 또 전봉준이 김학진이 발급한 협조문서를 가지고 직접 찾아가 집강소체제에 협조하는 문제로 담판했으나 역시 거부당했다.

이상에서 지금의 전북에 해당하는 군현을 대상으로 집강소의 기능에 따라 분류하여 보았다. 하지만 사실 이들 지역 가운데서도 집강소의 내용이 확실치 않은 곳도 적지 않다. 또한 고산·김제·만경·부안·여산·옥구·용안·임피는, 집강소와 관련하여 어떤 상황이었는지 아직 잘 모르는 상태이다. 불과 100여년전의 사건이 이렇게 잊혀져 왔던 것이다.

제 4 장
9월 재봉기, 일본군에 가로막힌 꿈

제 4 장 9월 재봉기, 일제에 가로막힌 꿈

사진 29 9월 재봉기 기록화

　1894년 6월부터 전개된 복잡다단한 사건들은 얼마 지나지 않아서 하나
씩 그 결과를 드러냈다. 청·일전쟁은 일본의 일방적인 승리로 끝나갔다.
조선의 정권은 개화세력이 쥐었고, 이들은 개혁을 단행했다. 청군이 물러
나고 농민군의 1차적 적이었던 민씨세력도 제거된 것이다. 그러나 조선의
위기는 더욱 깊어 갔다. 조선정부를 장악하고 청군마저 축출한 일본이 내
정간섭과 침략의 강도를 높여 갔기 때문이다. 전라도 일대에 세력을 보존
하고 있던 농민군은 그런 일본의 움직임을 예의주시하고 있었다. 그런 가
운데 조선의 정국은 필연적으로 일본과 농민군의 대결, 그 하나의 방향을

향해 달려갔다. 마침내 9월초 농민군이 일본군을 축출하기 위해 재봉기함으로써, 조선의 미래를 결정지을 일대 격전이 시작되었다.

1. 삼남 각지의 척왜봉기

6월 21일 일본군의 경복궁 점령 이후에도 전봉준 등 주력 농민군은 타협적인 집강소체제를 성립시키고 그 체제를 유지하며 상황을 지켜보았다. 그러나 이와 달리 전라·충청·경상도의 여러 지역에서는 일본의 침략에 항거하는 척왜(斥倭) 봉기가 그치지 않고 일어났다. 사례를 보자.

경복궁이 점령되었다는 소식이 전해지자마자 호남 각지에서는 즉각 척왜봉기가 일어났다. 6월 27일 함열의 농민군이 금구, 김제, 옥구 등지에 온 농민군과 함께 재봉기하였고, 6월 29일 무장의 농민군 500-600명이 '왜병장이 이를 것이니 사세급박하다'고 하며 봉기하였다. 6월말경에는 강경일대에서 수를 헤아릴 수 없는 많은 농민군이 봉기하였고, 7월초순 함열 웅포의 농민군 300여명이 봉기하였는데, 재봉기한 농민군은 '일본인에 대해 감정이 매우 나쁘며 봉기한 이유는 청국인과 단결해서 경성을 공격해 들어가 일본인에게 당하지 않겠다'는 것이었다. 7월 9일 부안 농민군이 충청도 서천관아에 돌입하여 '일본군함 수백척이 우리나라에 정박하고 있으니 우리도 무장을 해야 한다'고 주장하고 무기를 빼앗아 돌아갔다.

그리하여 농민봉기는 "7월에서 8월로 접어드는 때부터 경상, 전라, 충청 각도에서 동학당이 재기하여… 일본인을 배척 추방하고 일본군을 공격할 것이라고 선언하고 있습니다"고 하였듯이, 7, 8월부터는 삼남전체로 퍼져 나갔다. 특히 청·일전쟁 과정에 일본의 내정간섭과 인적·물적 자원의 징발이 심해지면서 봉기는 크게 확대되었다. 이 무렵 충청도와 경상도 일대에서 일어난 농민봉기의 사례를 보자.

7월 6일 충청도 노성 농민군 80명이 봉기하였다. 7월 12일 경상도 대구에서 100여명이 반일 봉기하였다. 7월 14일 경상도 곤양 농민군 50명이 봉기하여 폐정개혁을 요구하였다. 7월 17일 충청도 연기, 한산 농민군의 봉기하였다. 7월말 경상도 고성 농민군 수천명이 봉기하여 폐정개혁을 요구하였는데, 이들은 8월 7일에는 읍촌을 돌며 반일운동을 선동하였다. 7월 28일 경상도 사천의 농민군 100여명이 봉기하여 폐정개혁을 요구하였다. 8월 1일 1만여명의 농민군이 공주에 집결하였다. 8월 2일 경상도 산청에서, 10일 영천에서, 20일 울산, 언양, 김해에서 농민군이 봉기하였다. 8월 중순 문경일대 농민군이 태봉의 일본병참부 습격을 계획하였고, 8월 12일 천안 농민군이 여러명의 일본인을 살해하였다. 8월 21일 충청도 충주 농민군의 선동 때문에 일본군은 물자수송에 필요한 인부를 모집하지 못했다. 24일 경상도 안동에서 3,000여명이 봉기하여 태봉 일본병참부 습격계획을 세우고 일본군 대위 한 명을 살해하였다. 29일 경상도 문경에서 봉기한 600여명이 일본군 25명과 접전하였다.

이처럼 7 - 8월 사이 삼남 각지에서는 척왜봉기와 더불어 읍폐의 교정을 요구하는 봉기가 잇따라 일어났다. 이들 봉기의 대부분은 경상도 고성의 예에서 뚜렷이 확인되듯이, 척왜와 폐정개혁을 동시에 수행하는 형태로 진행되었다. 이런 농민봉기 과정에서 일본군과 일본상인 몇몇이 살해되었고 일본의 경부선 군용전선이 9차례나 절단되었다. 농민봉기가 끊이지 않음에 따라 8월말 서울에는 삼남의 농민군이 서울로 잠입한다는 소문이 크게 돌기도 하였다.

경복궁 점령 이후 7 - 8월 사이에 삼남각지에서 숱하게 많은 봉기가 일어난 것인데, 이는 전봉준이 걷던 타협적인 집강소체제와 분명 방향이 다른 것이었다. 그러나 이것이 농민군의 분열을 뜻하는 것은 아니다. 전봉준 등이 삼남 전체의 농민들을 모두 장악하고 있는 것도 아니고, 농민군은 명령 하나에 일사불란(一絲不亂)하게 움직이는 훈련된 군대조직도 아니었다. 7 - 8월 삼남일대의 봉기는, 전봉준을 중심으로 한 주력 농민군이 상황주시에 힘을 기울일 때, 이에 적극 따르지 않는 일부 지역의 농민군이 그 지역 지도자의 지휘아래 봉기한 것이다. 또한 3월 봉기에 참여하지 않았던 각 지역의 농민들이 주력 농민군의 동향에 관계없이 일본군의 침략에 반발하며 봉기한 것이다. 이런 각지의 척왜 봉기는 주력 농민군의 진로에 큰 영향을 미친다.

2. 재봉기 결정과 준비

일본군의 내정간섭에 맞선 각지 농민군의 공격적인 활동에 호흡을 같이 한 것은 김개남이었다. 7월 하순부터 임실에 머물며 집강소체제에 협조하던 김개남은, 8월 19일 남원 교룡산성 등의 병기고를 헐어 군기를 장악하고 부호의 전곡(錢穀)을 거두어 들이게 하였다. 그리고 25일에 80리까지 이어지는 농민군의 영접을 받으며 다시 남원으로 들어왔다. 그는 다음날 동헌을 도회소로 삼는가 하면 휘하 농민군을 오군영(五軍營)으로 편성하는 등 체제를 정비하고 무장력을 강화해 갔다. 이때 그의 휘하에는 전라좌도 일대에서 7 - 8만여명에 이르는 엄청난 수의 농민군이 모여들었다.

김개남이 이같은 움직임을 보이자 전봉준은 남원으로 내려와, "지금 시세를 보건대 일본 오랑캐와 청나라가 싸워 한 쪽이 이기면 반드시 군대를 우리 쪽으로 돌릴 것이다. 이렇게 되면 우리는 비록 인원수는 많다고 하나 오합지졸이어서 쉽게 무너져 마침내 우리들의 뜻을 이룰 수 없게 될 것이다. 그러니 귀화한다는 명분으로 각자 사방으로 흩어져 서서히 그 상황 변화를 지켜보느니만 못할 것이다"고 하였다.

즉 전봉준은 집강소체제를 유지하며 농민군의 역량을 보존하는 가운데, 청·일전쟁과 군국기무처의 내정개혁 등 중앙정국의 추이를 좀 더 지켜보자는 신중론을 편 것이다. 물론 전봉준에게 재봉기할 생각이 없었던 게 아니다. 뒤에 보듯이 아직은 봉기할 때가 아니라고 생각한 것이다. 그러나 김개남은 "대중은 한 번 흩어지면 다시 모이기 어렵다"는 이유로 전봉준의 말을 듣지 않았다.

또한 "우리들이 봉기한 지 반년이 되었다. 전라도가 모두 호응하고 있지만 이름 있는 사족이나 재물을 가진 자, 글에 능한 자가 우리를 따르지 않는다. 우리를 따르는 접장(接長)이라고 부르는 자들은 대개 우둔하고 천해서 화를 즐기고 약탈을 일삼는 자들뿐이다. 세상 인심의 향배를 가늠해 보면, 일은 성사되기 어렵게 되었으므로 사방으로 흩어져 온전히 살아남는 길을 도모하는 것이 나을 것 같다"고 하는 손화중의 설득도 받아들이지 않았다. 김개남은 전봉준·손화중과 차이를 보이며, 재봉기에 대한 강경한 입장을 취한 것이다.

이때 전봉준은 좌우를 물리치고 김개남과 7-8일간에 걸쳐 혹은 다투고 혹은 상의하면서, 격론을 벌인 후 전주로 돌아갔다. 상세한 내용이야 알 수 없으나 불과 며칠뒤인 9월 8일 두 지도자가 동시에 재봉기 준비를 해간 것을 보면, 두 지도자가 끝내 의견 차이만 보이고 헤어진 것 같지는 않다. 격론 끝에 마침내는 재봉기에 관한 어떤 합의에 이르렀을 가능성도 적지 않다는 말이다.

그러나 전격적인 재봉기 결정과 관련하여 주목할 것은 대원군의 밀사(密使)파견과 밀지(密旨)전달이다. 대원군은 비록 일본군의 등에 업혀 정계에 복귀했으나, 그는 일본군을 격퇴하기 위한 기회를 엿보았다. 그리하여 대원군은 평양에 있는 청군에 밀사를 보내어 은밀히 내통하는 것과 삼남에서 의병을 불러오는 방안 등을 모색하였다. 그러던 중 그는 일본의 권고 등으로 농민군에게 '해산하라'는 효유문을 내리는 때를 이용하여, 8월 25일경 전라도의 농민군 등에게 다음과 같은 밀지를 비밀리에 내려보냈다.

삼남의 양반사족과 임진난 때 순절한 충신들의 자손 및 동도인(東道人), 행상과 보부상의 우두머리 등에게 비밀리에 교유(教諭)한다. 오호라, 내가 부족하여 왕위에 오른 지 30년에 여러차례 변고를 겪었으나 덕(德)이 가히 새로워지지 않고 하늘이 화(禍)를 깨닫지 않아, 간신이 명을 사사로이 하고 왜오랑캐가 궁궐을 침범하여 종묘사직의 위박함이 바야흐로 조야(朝夜)에 있으니, 그 죄가 모두 나로 말미암은 것이다. 화(禍)가 죄없는 사람에 미치니 내 실로 무어라 말하리요. 비록 그렇지만 국가 오백년동안 백성을 아름답게 기른 덕이 두텁지 않다 말할 수 없으며, (나라의) 안위를 의지함에 삼남에 앞서는 것이 없는지라, 이에 비밀리에 측근 신하를 보내어 삼남에 달려가서 의용군(義勇軍)을 모집케 한다.

오호라, 너희들은 내가 부덕(否德)하다 하지 말고 오직 선왕들의 깊은 어짐과 후한 덕이 너희들의 조상에게 미쳤으니, 충량(忠亮)들은 온 힘을 다할 것이고 일본을 이기기 위한 창의에 다같이 참여해서 우리의 망해 가는 나라를 붙들어 일으키고 내 위태로운 명을 구하라. 나라의 망함도 너희에게 달려 있고 나라의 다시 일어남도 너희에게 달려 있다. 내 말은 여기서 그치니 여러 말 하지 말라.

갑오 팔월 일

즉 삼남 각처의 양반과 보부상 뿐 아니라 농민군까지 다같이 창의하여, 국가의 운명을 사사로이 하는 간신과 종묘사직을 위협하는 일본군을 치고 나라를 구하라는 것이다. 이 밀지는 고종의 이름으로 되어 있지만, 사실은 대원군이 보낸 것이다.

밀지는 전라도의 일부 유림에게도 전달되었으나, 유림들은 농민군과 행동을 같이 할 수 없다며 호응하지 않았다. 대원군의 밀사 이건영(李建英)이 8월말 여산(礪山)의 유생 양석중(楊錫中)에게 창의를 재촉한 것이 하나의 구체적인 예이다.

밀지를 받은 양석중은 "그(농민군) 괴수는 본래 용병(用兵)하는 책략이 없고 그 군졸은 약탈을 일삼는 무리이다. … 이 무리를 먼저 흩어 보낸 후에 남토를 돌면서 진심으로 의병을 모으면 충성스러운 선비들이 반드시 많이 응할 것이니, 그런 후에 가히 창의라 이를 수 있다. 만약 오로지 그 무리만 믿는다면 일은 반드시 성공하기 어려울 것이다. 저 진중(陣中)에 섞여 들어가서 그 때문에 뒷날 비난을 받는 것을 옳지 못하다"며 농민군과 함께 창의하는 것을 거부하였다. 이에 이건영은 "그렇지 않다. … 권도(權道 ; 임시방편)를 사용해서 마땅함을 얻는다면, 또한 이는 그때에 맞는 가장 적절한 방법을 택한 것이다. 이때를 당하여 비록 의병을 모으고자 해도 어찌 한사람의 응모자가 있을 것인가. 지금 이 군중은 진신장보(縉紳章甫)와 훈신(勳臣)의 자손이 아닌바 없으니, 이를 버리고 어찌 다른 곳에서 구하는 것이 가(可)한가"며 설득했다.

그러나 양석중은 "전봉준과 김개남 등은 모두 … 명분으로는 비록 나라를 위하는 마음에 위탁했지만, 그 실은 호랑이와 낮도깨비의 기운을 타이르고 까마귀를 모으고 개미무리의 도움을 얻어 제멋대로 하고자 하는데 있다. … 향기나는 풀과 악취나는 풀은 가히 같은 그릇에 담을 수 없다"며 결국은 병을 핑계대고 창의하지 않았다.

외세의 침략이라는 민족적 위기보다 농민들의 저항을 더 위험시했던 당시 양반지배층의 시대인식의 한계를 명백하게 드러낸 사례라 할 수 있다. 아무튼 이로써 대원군은 농민군에게 더욱 의지할 수밖에 없는 상황이 되었다.

대원군의 효유문은 김태정(金泰貞)·고영근(高永根)을 통해 9월 4일에 전주대도소를 이끌고 있던 도집강(都執綱) 송희옥에게 전달되었다. 두사람은 5일 송희옥이 도회소를 철폐하는 것을 본 후, 6일 김학진의 주선으로 정석모(鄭碩模)를 만났다. 이튿날인 7일 정석모 등은 '김개남만 귀화하면 나머지는 염려할 것 없다'는 김학진의 말에 따라, 전주를 떠나 다음날 남원에 있는 김개남에게 효유문을 전달하였다. 그 사이 밀지는 박동진(朴東鎭)과 정모(鄭某)를 통해 5일 송희옥에게 전달되었고, 이건영이 지닌 밀지는 효유문이 도착하기 하루 전인 7일 남원의 김개남에게 전달되었다.

김개남의 진중에 들어온 이건영은 "무기를 버리지 말고 힘을 합쳐 왜를 토벌하자", "이것이 국태공의 본 뜻이다. 소위 효유문이라는 것은 외면적으로 궁해서 한 것이다"고 하였다. 이에 대해 김개남은 이건영을 '예의를 갖추어 매우 공손하게 대접'하였다. 또한 김개남은 효유문을 가지고 온 정석모를 "너는 어찌 망령되이 공명(功名)에 뜻을 두고 개화당에 붙어 국태공을 꾀어 우롱하여 이 효유문을 얻어 가지고 왔느냐, 이 어찌 국태공의 본 뜻이라 하겠는가"라고 꾸짖었다. 즉 김개남은 '창의하여 일본군을 치라'는 밀지를 믿었고, 대원군과의 연합이 구체화되면서 재봉기를 확정지었던 것이다.

한편 전봉준은 송희옥이 보내 온 다음의 서신

… 어제 운변(雲邊 ; 대원군)으로부터 효유문을 가지고 내려온 두 사람이 있는데 의심스럽지 않은 것은 아니나, 이것이 중요한 일에 관계되기 때문에 우선 그 대책을 의논하고자 도회소를 철폐하고 귀촌으로 옮겨왔습니다. 과연 어제 저녁 또 두 사람이 비밀리에 내려왔기에 상세히 그 전말을 알아본 즉, 과연 이는 개화당을 압도하기 위하여 먼저 효유문을 발하고 뒤이어 비계(秘計)가 있었던 것입니다. … 대체로 이러한 일은 속히 행하면 만전책(萬全策)이 되고 늦으면 기밀이 발각되는 것이므로 이를 양찰하시고 날으듯 빨리 오시어 이들로

하여금 큰 일을 할 수 있도록 천번 만번 빕니다. …

갑오 9월 초6일

을 통해 밀지전달 사실을 접한 후, 늦어도 9월 8일에는 태인에서 금구
로 나왔다. 전봉준은 이튿날 삼례로 나와 여기에서 이건영을 만나 밀지
를 전달받았다. 이때 이건영은 "정부에 간악한 자들이 있기 때문에 정치
가 다스려지지 않는다. 그러므로 하루라도 빨리 이를 제거하지 않으면
안된다", "대원군에게 좀 생각하는 바가 있어 의병을 불러모으고 있다.
너희들은 이에 응하지 않을 것인가"라며 전봉준을 재촉하였다.

이후 전봉준은 손화중 등에게 "대궐로부터 밀교(密敎)가 있어서 소모
사 이건영에게 보내진 것이 이곳에 와 있는데, 이와 같은 일로 해서 밀
지가 일본 사람에게 누설이 되면 그 화가 옥체에 미칠 것이므로 신중히
비밀에 부치도록 할 것"이라는 지시를 내리는 한편, 본격적으로 재봉기
채비를 갖추어 갔다. 이처럼 전봉준이 재봉기를 결정지은 계기 역시 대
원군과의 연합이 구체화된데서 찾을 수 있다.

9월 재봉기의 근본적인 배경은 말할 것도 없이 일본의 내정간섭 심화
였고, 제1의 목적은 일본군 축출이었다. 이에 대해서는 전봉준도 심문과
정에서 다음과 같이 명확히 밝혔다.

일본이 개화(開化)라고 일컬어 애초부터 한마디 알리는 말도 없이 민간에
전파하고, 또 격서도 없이 군대를 서울에 끌어들여 밤중에 왕궁을 격파하여 왕
을 놀라게 하였다고 하기에 초야에 묻힌 사민(士民)들이 충군애국의 마음으로
분개하지 않을 수 없어 의병을 규합해서 일본인과 접전하게 되었다.

이처럼 전봉준 등 지도부가 일본군의 침략에 분개하고 있었고 더구나
삼남 각지에서 척왜봉기가 확산되던 상황이었으므로, 대원군이라는 존재

가 아예 없었다고 하더라도 농민군은 재봉기하였을 것이다. 하지만 9월 재봉기가 확정되는 구체적인 시점과 계기는 이처럼 대원군과의 관계속에서 찾을 수 있다.

그러면 집권기에 왕권을 강화하는 등 전통적인 질서를 복구하려 했던 대원군과 체제에 저항하고 나선 농민군, 즉 걷는 길이 상반된 양자가 힘을 합치고자 한 까닭은 무엇인가? 농민군과 대원군의 연합은 당시의 정국변화 속에서도 그 현실성을 찾을 수 있다. 일본군의 경복궁 점령 이후에 개화파와 대원군이 집권세력으로 떠오르고, 평양전투이후에는 개화정권의 친일(親日)적 성격이 강화되는 정치상황의 변화가 있었다.

일본의 내정간섭이 심화되고 농민군의 항일(抗日)의지가 고양된 가운데, 농민군이 현실적으로 협력을 도모할 수 있었던 것은 친일적 개화파가 아니라 대원군이었다. 농민군은 3월 봉기 때도 대원군의 집권을 요구했거니와, 이제 대원군이 정치 일선에 재등장한 상황이었으므로 그와의 연합 가능성은 결코 작아지지 않았다. 더욱이 전봉준은 8월 10일경 "이미 민씨가 축출되고 대원군이 등용되어 폐정을 개혁하며 정법(正法)을 바로 하니…"라고 하며 나름대로 대원군에 대한 신뢰와 기대를 보이고 있었다. 그렇지 않아도 재봉기를 향해 치달아 가던 농민군에게 대원군과 같은 존재가 내응한다면, 이는 더할 나위없이 좋은 기회였다. 또 대원군으로서도 일본군을 치고 개화파를 제거하기 위해서는 농민군의 힘을 얻는 것 이외에는 달리 방법이 없었다. 이처럼 양자는 일본군을 일차적으로 제거해야 할 공동의 적(敵)으로 인식한 가운데, 대원군의 밀사와 밀지를 매개로 정치적 연합을 구체화하였던 것이다.

전봉준과 김개남은 8일경 재봉기를 서둘러 확정짓고 준비에 들어갔다. 그리하여 9일부터 전봉준과 그 휘하 전주일대의 농민군은 군기와 군수미·전의 확보에 주력하였다. 그 사례를 보면, 9일 금구에서 온 농민군이 고산의 군기와 물품을 모두 빼앗아 갔고 10일과 13일 삼례에 있던 농민군이 여산의 화약, 총탄, 창검을 빼앗아 갔으며, 14일 전봉준이 직접 800명을 거느리고 포를 쏘고 북을 울리면서 삼례에서 와서 전주의 화포, 총, 탄환, 각종 물품을 남김없이 거두어 삼례로 돌아갔고, 16일 농민군 100여명이 위봉산성의 무기와 물품을 모두 탈취하였다. 동시에 전봉준은 10일 태인, 14일 김제, 17일 고산, 18일 군산, 전주에 '지금 이런 거사는 몹시 커서 비용이 많이 들므로 공곡(公穀)과 공전(公錢)을 이용해야 하겠으니 군수미와 전을 도회소로 보내라'는 내용의 통문을 보내어 군수미와 군수전을 확보해 갔다.

같은 시기 김개남의 관할 지역에서도 똑같은 움직임이 있었다. 9월 8일 김개남 휘하의 농민군은 다섯 방위를 나타내는 깃발(五方旗幟) 7,000 - 8,000개를 새로 만들어 남원부가 진동하도록 포를 쏘아 대며 기제

사진 30 9월 재봉기 당시 전봉준 휘하 농민군의 집결지 삼례

(旗祭)를 올리는 등 전투에 나서는 의식을 치루는 한편, 15일 이전부터 '남원대도소' 또는 '남원대도소 김개남'의 이름으로 남원을 비롯하여 능주·광주·곡성 등지에 통문을 보내어 군수미·전을 확보하는데 주력했다. 또한 민가에서 물자를 거두어 장태 화약 수레 등 전투에 꼭 필요한 물품을 만들어 갔다. 이때 김개남은 감사 김학진 앞으로도 군수물자를 보내라는 통문을 보내기도 하였다.

재봉기를 준비하면서 전봉준은 전주, 진안, 홍덕, 무장, 고창 등 각 지방의 농민군에게 "일본병을 쳐 물리치고 그 거류민을 국외로 구축할 마음으로 다시 기병"하자는 취지의 격문을 발송하였다. 이 격문은 9월 18일경 충청도에도 도착하였다. 전봉준의 재봉기 결의는 각지 농민군이 기다리고 있던 일로써, 격문이 전달되자 마자 농민군은 9월 17일경 전라도에서만 29개 군현진(郡縣鎭)의 무기고를 헐고 무장하였다. 이렇게 각지에서 무장한 농민군은 전봉준과 김개남 휘하로 모여들었다. 그리하여 "남원부에 모인 비도 5, 6만 명이 각기 병기를 가지고 날뛰고 있으며 전주·금구에 모인 무리들이 이미 작란을 하고 있다", "삼례에 모인 7, 8만명은 기세가 왕성하다", "삼례와 전주, 남원 병대가 강하다"는 데서 보듯이, 전라도의 농민군 10만여명은 기본적으로 3월 봉기 때와 비슷하게 전봉준과 김개남의 세력으로 형성되었다.

참고로 9월 재봉기에 참여한 전라도 각 군현과 농민군 지도자들을 천도교측 기록대로 정리하면 다음과 같다.

강진 金炳泰 南益순 安炳洙 尹世顯 尹時煥 張儀運
고산 朴準寬 金顯文 李根尙 權宗春 金得永 金洛彦 崔永敏 申鉉基 李設在 徐仁勳
곡성 趙錫夏 趙在英 姜日洙 金玄基
구례 林奉春

광주   朴成東 金佑鉉

금구   宋泰燮 金應化 趙元集 金邦瑞

금산   朴能哲

김제   趙徹泰 黃敬三 李致權

나주   金有昌 吳仲文

남원   李奎淳 張南善 趙東燮 柳泰洪 邊漢斗

능주   文章烈 趙鍾純

담양   金重華

만경   金公光

보성   文章衡 李致儀

부안   金錫允 申明彦 金洛喆 金洛封

순창   吳東鎬(吳) 姜宗實 金致性 房鎭敎 崔鎭煥 池東燮 吳斗善

순천   朴洛陽

여산   崔彎善 金甲東 朴秉敦 金顯舜 趙熙一

영광   吳正運 崔載衡 崔時徹

영암   梁彬 申聖 申欄 崔永基

옥구   張景化

익산   吳景道 高濟貞 姜永蓬 金文永 鄭永朝 蘇錫斗

임실   趙錫烋 李炳春 朴敬武 許善

임피   劉原述 金相喆 陳寬三 洪敬植 崔順奉

장성   金湉煥 奇宇善 朴振東 姜戒中 姜瑞中

장수   黃鶴周 金學鍾 金淑汝 金炳斗 金洪斗

장흥   李仁煥 李邦彦 朴采鉉 金學三 李士京 孫子三 白仁明

전주   徐永道 林相淳 高文善 李春奉 許乃元 朴鳳烈 崔大鳳 宋德仁 姜文
        淑 姜守漢 金春玉 宋昌烈 宋熹玉

진산   趙在璧 崔士文 崔公雨

창평   白鶴 柳亨魯

함열   高德三 劉漢弼

해남   金道一 金奉斗

흥양 吳起瑞 宋年浩 宋年燮 丁永詢 任琪瑞 柳東煥

  * 9월 재봉기 때는 3월 봉기에 참여하지 않은 지도자들도 대거 참여하였다. 3
    월 봉기에 참여했던 지역과 농민군 지도자들이 상당수 빠져 있는 것은 3월
    봉기 때의 기록과 중복되기 때문에 뺀 것뿐이다.

3. 북상, 서울을 향하여

 이로써 재봉기의 분위기는 무르익었으나 전봉준은 곧바로 북상하지
않았다. 본격적인 재봉기, 즉 북상은 10월 12일경에야 이루어졌다. 북상
이 늦어진 이유에 대해 전봉준은 뒷날 "몸이 아프고 또 많은 사람을 한
꺼번에 움직이기가 어려웠고 겸하여 새 곡식이 나오지 않아 자연 10월
에 이르렀다"고 밝혔다. 그러나 이와 함께 충청도 일대 농민군의 합류를
기다린 것도 큰 요인이었다. 전봉준으로서는 북상의 진격로에 있는 최시
형 휘하의 충청도 동학교도의 협력이 절대적으로 필요했던 것이다.

 이같은 상황에서 동학교인에 대한 관군과 민보군의 가혹한 침탈이 계
속되고 자신의 휘하에서도 봉기 요청이 빗발치듯 이어지자, 최시형은 마
침내 봉기를 요청하는 손병희 등에게 "인심(人心)이 곧 천심(天心)이라,
이(봉기하는 것)는 곧 천운이 다다른 것이니 군(君) 등은 교인을 동원하
여 전봉준과 협력하고 스승의 억울함을 신원하며 우리 도의 대원(大願)
을 실현하라"는 명을 내렸다.

 최시형의 명이 떨어지자 충청도내 거의 대부분의 지역에서 농민들이
봉기하였다. 9월 재봉기를 기점으로 하여 농민군의 활동이 두드러졌던
지역만 들면 청주, 홍주, 충추 진천 음성 괴산 청풍 서산 태안 예산 해
미 서천 한산 임천 내포 등이었다. 9월 재봉기 때는, 농민군의 수중에
장악되어 있던 전라도와 마찬가지로 충청도도 사실상 전지역이 농민혁

명의 소용돌이에 휩싸인 셈이다.

 하지만 그렇다고 봉기한 농민군 모두가 최시형이 있는 보은으로 모인
것은 아니다. 상당수 지역의 농민군은 보은에 집결하지 않고 해당지역에서
세력을 이룬 가운데 해당 관아를 점령하는 등의 활동을 펼쳤다. 또한 이들
은 인근 지역의 농민군과 힘을 합쳐 주변지역을 공격함으로써 북상하는
주력 농민군을 측면 지원하였다. 어느 향촌사회건 간에 유림(儒林)을 중심
으로 민보군이 조직되거나 그럴 우려가 있는 상황에서, 농민군이 모두 주
력부대에 합류하기는 어려웠다. 그런 사정은 전라도도 마찬가지였다.

 천도교측 자료를 통해 9월 재봉기에 참여한 충청도 각 군현과 농민군
지도자들을 정리하면 다음과 같다.

 공주　金知擇 裵成天
 남포　秋鏞聲 金起昌
 당진　朴容台 金顯玖
 덕산　金蕢培 李鍾皐 崔秉憲 崔東信 李鎭海 高雲鶴 高壽仁
 면천　李昌九 韓明淳
 목천　金福用 李熙仁
 문의　任貞準
 보은　黃河一 金演局 權秉德
 서산　朴寅浩 張世憲 張世源 崔兢淳 張世華 崔東彬 安載衡 安載德 朴麟
　　　　和 洪七鳳 崔英植 洪鍾植 金聖德 朴東鉉 張熙
 신창　金敬三 郭玩 丁泰榮 李信敎
 안면　朱柄道 金聖根 金相集 賈榮魯
 예산　朴熙寅
 옥천　朴錫奎 柳炳柱 鄭元俊 姜彩西
 청주　孫天民 李容九
 충주　洪在吉 辛載淵

태안 金秉斗 金東斗
해미 朴聖章 金義亨 李龍儀 李鍾甫
홍주 金周烈 韓圭夏 黃雲瑞 金陽和 崔俊模
회덕 姜健會 吳一常

　충청도 일대의 농민군이 대대적으로 봉기하여 집결하자, 최시형은 10월 11일경에는 이 사실을 전봉준에게 알렸다. 이에 전봉준은 4,000여명의 농민군을 이끌고 삼례를 출발하여 10월 12일 논산에 도착하였다. 최시형으로부터 지휘권을 넘겨받은 손병희가 이끄는 농민군도 보은을 출발하여 15일경에는 논산에 합류하였다. 두 세력이 합류하였음은 16일 논산에서 올린 글에서 전봉준이 자신을 '양호창의영수(兩湖倡義領袖)' 즉 호남과 호서의 창의군 우두머리라 칭하였고, 또 "전봉준은 … 공주와 30여래쯤 떨어진 거리에 이르러 그곳에 진을 치고 보은의 군대와 서로 호응하고 있으므로 기세가 갑자기 확대되었다"고 한데서 확인된다.

　거의 같은 때인 14일 김개남은 8,000여명의 농민군을 이끌고 남원을 떠나 16일 전주에 도착하였다. 한편 삼례에 올라와 있던 최경선은 전봉준과 상의한 후에 광주, 나주로 가서 손화중과 함께 일본군의 해로(海路)를 통한 협공에 대비하였다. 물론 삼례와 전주, 그리고 광주 나주를 제외한 전라도내 나머지 대부분의 지역도 농민군이 군현단위로 세력을 보존하고 있었다. 한 예로 김개남이 떠난 남원의 경우, 태인에서부터 김개남을 따르던 일부 농민군과 남원의 토착 농민군이 모여서 남원을 굳게 지키고 있었다.

　이렇게 10월 16일까지는 전라도와 충청도 일대의 농민군이 총동원되었다. 그리하여 전봉준·손병희는 북상하고, 김개남은 북상군의 거점 지인 전주에 남아 다른 날에 대비하며, 손화중과 최경선은 후방을 수비하

는 총력전의 형태를 갖추었다. 10월 중순에는 실질적으로 무력 봉기할
수 있는 체제가 완성된 것이다. 이제는 본격적인 북상이 시작되었다.

공주로 가기에 앞서 전봉준은, 16일 논산에서 충청감사 박제순(朴濟
純)에게 다음과 같은 글을 보냈다.

> 양호창의영수 전봉준은 삼가 충청 관찰사 각하에게 글을 올립니다. … 일본
> 오랑캐가 구실을 만들어 군대를 동원해서 우리 임금을 핍박하고 우리 백성을
> 근심케 하니 어찌 그대로 참을 수 있겠습니까. 옛날 임진란의 화에 오랑캐가
> 침범하여 궁궐과 종묘를 불태우고, 임금을 욕보이고 백성을 살육하였으니, 백
> 성들이 모두 분하게 여겨 천고에 잊을 수 없는 한입니다. 초야의 필부나 몽매
> 한 어린아이까지 아직도 그 울분을 삭히지 못하는데, 하물며 각하는 대대로 녹
> 을 먹는 고관으로서 (울분이) 평민보다 몇 배나 더하지 않겠습니까.
> 오늘날의 조정대신들을 보건대, 망령되이 자기의 안전만을 생각하여 위로는
> 임금을 위협하고 아래로는 백성을 속여서 일본 오랑캐와 손을 잡아 남쪽의 백
> 성에게 원한을 펴서, 망령되이 임금의 군사를 동원하여 선왕의 백성을 해치려
> 하니 참으로 무슨 뜻이며 끝내 무엇을 하려는 것입니까. 지금 내가 하고자 하
> 는 것은 지극히 어려운 것임을 진실로 알고 있으나, 일편단심 죽음을 각오하고
> 천하의 신하된 자로서 두 마음을 품은 자를 쓸어버려 5백년 왕조의 은혜에 보
> 답하고자 하니, 원컨대 각하는 크게 반성하여 의(義)로써 죽음을 같이 하면 천
> 만다행이겠습니까.

재봉기에 임하는 농민군의 대의(大義)를 밝힘과 동시에, 관군도 항일
의병에 동참하여 나라를 위기에서 건지자고 호소한 것이었다. 그러나 농
민군은 아무런 호응도 얻지 못하였다.

한편 8월 24일 농민군 진압에 필요한 군대동원에 관한 의안을 통과시
킨 개화파 정권은 9월 9일 이두황(李斗璜)을 장위영 영관, 성하영(成夏
泳)을 경리청 영관으로 임명하여 경기도와 충청도로 내려보냈다. 그리고

14일에는 농민군을 무력으로 진압할 것을 공식 결정하였다. 이어 21일 농민군 진압을 도맡을 양호도순무영(兩湖都巡撫營)을 설치하고 도순문사(都巡撫使)에 신정희(申正熙), 선봉장에 이규태(李圭泰)를 임명하여 농민군을 진압토록 하였다. 이들 휘하에는 통위영과 교도대 병정 등 총 3,400여명의 병력이 배치되었다. 10월 11일 서울을 출발한 이규태는 남하 도중에 일본군 1대와 합류하였다. 그는 휘하의 군대를 미리 공주일대로 진군시킨데 이어 자신은 24일 공주에 도착, 이후 공주전투에서 관군을 지휘하였다. 이와 별도로 이두황은 장위영병을 지휘하며 경기·충청도 일대의 농민군과 잇따라 접전을 벌이며 남진하였다.

일본도 9월 9일 일본공사가 일본정부에 '1개여단의 일부를 할애하거나 혹은 병참부를 동원하여 본격적으로 진압할 수 있는 태세를 취하자'고 건의한 것을 시작으로 농민군 진압 준비에 들어갔다. 그리하여 18일 일본군대를 보내어 농민군 진압을 돕겠다고 나섰고 21일 조선정부는 이를 받아들였다. 10월 9일에는 농민군 진압을 전담할 일본군 1개 대대병력이 인천에 도착했는데, 이들은

조선군과 협력하여 진격하는 길에 있는 동학당을 격파하고 그 화근을 초멸함으로써 동학당이 다시 일어나는 후환을 남기지 않도록 해야 한다. 그리고 그 우두머리로 인정되는 자는 체포하여 경성의 일본공사관으로 압송하고 동학당 거물급간의 왕복문서 혹은 정부 내부의 관리나 지방관, 또는 유력한 측과 동학당간의 왕복문서는 힘을 다해 수집하여 함께 공사관으로 보내라. … 단 이번 동학당을 진압하기 위해 전후하여 파견된 조선군 각 부대의 진퇴와 조달은 모두 우리 사관의 명령에 따라서 하게 하며 우리 군법을 지키게 해서 만일 군법을 위반하는 자가 있으면 군율에 따라 처리하기로 조선정부로부터 조선군 각 부대장에게 이미 시달되어 있다."

는 훈령을 받고 있었다

한마디로 일본군은 농민군을 철저히 찾아내어 살육해서 다시는 일어나지 못하게 한다는 목적을 띠고 있었다. 이때 대원군을 비롯한 조선의 모든 관리는 감시의 대상이었고, 조선 부대는 이 일본군의 지휘하에 있었다. 이 일본군 1개 대대는 전라도 서남방면으로 농민군을 몰아붙여 섬멸한다는 계획하에, 15일 각각 충청도, 전라도, 경상도 세 방면으로 나누어 진격하였다.

4. 전국 각지의 봉기와 전투

9월초 전라도에서 농민군이 대대적으로 재봉기하고, 이어 충청도에서 농민군이 총봉기하였다. 이들 봉기를 앞뒤로 경상·강원·경기·황해도에서도 농민들이 봉기하였다. 그리하여 9월말 조정에서는 "호남과 호서의 비류가 근래에 다시 영남과 관동과 경기와 황해도 등지에서 만연하였다"고 우려할 정도였다. 여기서는 전국 각지에서 일어난 농민봉기의 전개양상과 특징을 9월 재봉기를 중심으로 간략하게 정리해 보자.

1) 경상도

경상도는 최제우가 동학을 창도한 곳이다. 이후 관의 극심한 탄압으로 이 지역에서 동학은 치명적인 상처를 입었지만, 완전히 소멸된 것은 아니었다. 교도들은 지하에 숨어 비밀 조직을 유지하였고 1894년에는 그 세력을 표면에 드러내며 농민봉기에 나섰다. 경상감사 조병호(趙秉鎬)에 따르면, 9월말경까지 경상도에서는 71개 군현 가운데 무려 60여 군현에서 농민봉기가 일어났다.

이런 경상도 지역의 봉기는 지역과 성격에 따라 크게 두갈래로 나누어 볼 수 있다. 먼저 상주 김산(김천) 예천 안동 의성 봉화 용궁 문경 함창 개녕 지례 성주 등 경상도 북서부 지역을 들 수 있다. 이 일대 농민군은 비교적 독자적인 활동을 벌였다.

예천(醴泉)은 3월부터 수접주(首接主) 최맹순(崔孟淳)의 지휘하에 농민군이 활동을 시작했다. 얼마뒤 최맹순은 7만여명의 농민군을 모았으며 접(接)이 설치된 지역이 48개소에 이르렀다. 6, 7월 들어 예천의 농민군은 부잣집을 찾아가 싸움에 쓸 비용을 마련한다며 전곡(錢穀)을 강제로 빼앗고, 일부 농민들은 수접주의 통제를 벗어나 약탈을 행하기도 했다. 예천의 농민군은 예천읍내를 제외하고 대부분 지역을 수중에 장악하였다. 이때 예천읍내에는 양반과 향리층을 중심으로 민보군이 조직되어 있었다. 예천 농민군은 민보군에게 "같은 동토(東土)의 백성으로 만일 척왜의 뜻이 없다면 하늘 아래에서 당신들이 옳다고 하겠는가. 도인의 뜻이 옳다고 하겠는가. 도인은 곧 의병이다. 이로써 (우리들의 행동을) 이해하기 바란다"라는 글을 띄워 서로간의 충돌을 피하려 하였다. 그러나 두 세력은 여러차례의 마찰 끝에 8월 28일 결전을 벌였고, 민보군의 기습으로 농민군은 크게 패전하였다. 예천에서는 9월 15일에도 농민군 4,000 - 5,000여명의 봉기가 있었다.

상주(尙州)에서는 김현영(金顯榮)의 지휘를 받는 농민군이 여름부터 활동했다. 상주일대의 농민군은 9월 최시형이 기포령을 내리자, 읍내 점령에 나서서 9월 22일 상주와 선산(善山)관아를 차례로 점령했다. 상주읍의 점령에는 함창(咸昌)과 예천의 농민군이 합류하였고, 선산 점령 때는 김산(金山)지역 농민군이 가세하여 수천여명의 세력을 이루었다. 상주와 선산을 점령한 농민군은 기세를 몰아 낙동(洛東)과 해평(海平)에 있는 일본군 병참기지를 공격할 계획까지 세웠다. 그러나 오히려 28일에 일본군 낙동 병참부의 기습 공격을 받아 100여명의 희생자를 내고 상주와 선산읍에서 물러났다.

전라도 무주와 충청도 영동을 연결하는 교통로인 김산일대의 농민군도 도집강 편보언(片輔彦)의 지휘를 받으며 3월부터 활동하였다. 여름에 접어들면서 김산일대의 농민군 세력은 크게 확대되었고, 이들은 9월 22일 선산 관아를 공격할 때 주력을 이루기도 했다. 9월 25일 최시형의 기군령(起軍令)을 받은 편보언은 각처의 접주들에게 기포령을 내렸다. 이렇게 총집결한 김산의 농민군은 김산을 장악하였지만, 대구(大邱)감영의 남영군(南營軍)이 10월 5일 김산에 진주하면서 활동을 멈추었다. 예천·상주·김산에 거점을 둔 영남북서지역 농민군들은 호남과 호서의 주력 농민군과 긴밀한 연계를 갖지 못하고 지역내에서 독자적인 활동을 벌이다 소멸하였다.

경상도에서 농민군이 세력을 형성한 또 다른 지역은 하동 진주 산청 함양 곤양 사천 고성 단성 남해 안의 등 지리산에 접한 남서부 일대이다. 이 일대는 순천·광양 등 전라도지역 농민군과 깊은 관계에 있었는데, 특히 하동과 진주는 농민군이 세력을 크게 떨쳤던 곳이다.

하동(河東)의 농민군은 여름부터 이미 미약하게나마 활동하고 있었다. 이들은 광양 등지에서 활동하던 영호(嶺湖)대접주 김인배(金仁培)의 도움으로 7월에 하동에 도소를 설치했지만, 곧 민보군의 습격을 받고 광양으로 밀려났다. 9월 재봉기 직전 김인배가 경상도 지역으로 활동영역을 넓히면서 하동은 격전장이 되었다. 8월 29일 김인배는 휘하 농민군과 하동 농민군 수천명을 하동과 광양의 길목인 섬진나루터로 이동시켰고, 하동의 민보군이 이에 맞섬으로써 전투가 시작되었다. 이들간의 전투는 9월 1, 2일 이틀동안 벌어졌는데, 이 싸움에서 농민군은 큰 승리를 거두어 하동부를 장악하였다. 이후 하동의 농민군은 김인배의 행로를 따라 진주로 옮겨갔다. 농민군의 하동에서의 승전은 사천 곤양 진주 등 인근 지역 농민군을 고무시켜 여러지역에서 봉기가 이어졌다.

진주(晋州)지역의 농민군은 손은석(孫殷錫)의 지휘를 받으며 4월말부
터 활동했는데, 이들은 곧바로 관군의 공격을 받고 큰 피해를 입었다.
이들은 이후 활동을 멈추고 있다가 9월들어 김인배가 하동을 공략하자
이에 호응하여 재봉기에 나섰다. 이들은 9월 2일 진주지역 73개리에 통
문을 보내 8일에 여는 진주대회에 참석하라고 하였다. 8일 농민군 대회
를 마친 이들은 10일에 또 방문을 내어

지금은 국운이 기울고 사람의 도리가 퇴폐하므로 간신들이 화를 불러들여
왜적들이 우리 국경을 침범하기에 이르렀다. 그리하여 북쪽 삼도는 모두 오랑
캐의 땅이 되었고 남쪽 오도는 왜적들이 가득하여 그들 마음대로 궁중에서 병
기를 휘두르며 창검은 시골과 경성에 있는 것 보다 더 많이 가지고 있다. 아
동토의 의사들이여, 어찌 피를 뿌리며 분개하는 마음이 일어나지 않겠는가. …
우리 도류(道類)들은 함께 죽기로 맹세하고 분개한 마음을 일으켜 왜적을 잔멸
하고 그들의 잔당을 초토할 뜻으로 진주에서 대회를 가졌다. 이것은 그들을 초
토하는데 뜻이 있는 것이다.

며 다같이 항일투쟁에 나서자고 호소하였다. 이 대회는 진주의 농민군과
하동에서 김인배가 이끌고 온 전라도 농민군이 힘을 합쳐 연 것이며, 이
때 진주읍내에는 충경(忠慶)대도소가 설치되었다.

이밖에 다른 지역에서도 김인배가 이끄는 호남 농민군으로부터 지원
을 받으며 농민군의 활동이 이어졌다. 남해(南海)에서는 9월 11일 농민
군이 봉기하였고 사천(泗川)에서는 13일 약 800여명이 봉기하여 관청을
불태우고 무기를 빼앗았다. 15일에는 1,500 - 1,600여명의 밀양(密陽) 농
민군이 관아를 공격하였다. 그러나 이들은 곧 일본 병참부의 공격을 받
고 무너졌다. 15일에는 곤양(昆陽) 농민군이, 16일에는 고성(固城) 농민

군이 읍내를 점거하였다.

이렇게 봉기한 각 군현의 농민군은 진주성으로 향했다. 17일 하동의 농민군 수천명이 진주성에 들어온 데 이어 18일에는 김인배가 이끄는 전라도 농민군 천여명이 다시 진주성에 들어와 진주성에는 4,000 - 5,000명의 농민군이 집결하였다. 이들은 9월말까지 진주 인근인 고성 사천 곤양 단성 합천 등을 오가며 활동을 벌였다. 이들 경상도 남서부지역의 농민군은 부산에서 올라온 일본군과 대구판관 지석영(池錫永)이 이끈 관군 연합부대와 10월 10일부터 진주 일대에서 두차례의 접전을 벌였으나 패하였다. 이어 진주 수곡면에 다시 집결한 농민군은 14일 일본군과 고승산에서 필사적인 항전을 전개했지만, 200여명에 이르는 사망자를 내고 패하고 말았다. 이들 가운데 일부는 다시 하동으로 와서 10월 22일 일본군·관군과 접전하다가 패전하였고, 김인배도 광양으로 돌아갔다. 그러나 이같은 과정에서 농민군의 공격으로 대구 - 안산 사이에 있는 일본군 전선이 모두 파괴되기도 하였다.

2) 강원도

강원도의 농민봉기 역시 크게 두 세력으로 나누어 볼 수 있다. 그 하나는 충청도 제천 청주 등지의 농민군과 연계해서 활동한 영월·평창·정선·원주의 농민군, 즉 강원도 남부지역 농민군의 활동이고 또 다른 하나는 홍천(洪川)대접주 차기석(車箕錫)이 홍천지역의 농민군을 이끌고 벌인 내륙지역의 활동이다. 강원도의 경우, 3월 봉기 때는 별다른 움직임이 없었고, 농민군의 조직적 봉기는 9월초에 나타난다.

9월초 충청도 제천·청주의 농민군과 강원도의 영월(寧越)·평창(平昌) 지역 농민군이 연계하여 일제히 봉기했다. 이들은 평창에 집결하여 인근의 정선(旌善) 농민군들과 합세, 수천의 대군을 이룬 뒤 9월 4일 강릉(江陵)대도호부를 별다른 어려움 없이 점령했다. 강릉부를 점령한 농민군들은 다음날 성문에 '삼정(三政)의 폐단을 개혁하고 보국안민한다'는 방문을 내걸었다. 이들은 며칠을 머무는 동안 군포세와 환곡을 바로잡아 임의로 조세를 삭감했을 뿐 아니라 부민과 향리의 재물을 징발하고 토지문서를 빼앗았으며 민간의 소송을 처리하였다.

그러나 농민군은 9월 7일 민보군의 습격을 받아 20 - 30여명의 희생자를 내고 대관령을 넘어 평창으로 물러났다. 강릉부에서 물러난 이후로도 농민군은 평창·영월·정선 등 대관령 서부지역을 장악한 채 계속 강릉을 위협하였다. 하지만 이들은 11월 4일 평창에서 일본군 1개 중대와 관군의 집중적인 공격을 받아 100여명의 희생자를 내었고, 이 패전으로 강원도 남부지역의 농민군은 사실상 와해되었다.

홍천지역에서는 대접주 차기석이 이끄는 농민군이 활동하였다. 평창·영월 등지의 농민군이 강원도에서 활동을 전개했던데 비해, 이 홍천의 농민군은 남하하여 충청도 일대의 농민군에 합류하고자 하였다. 그리하여 9월 최시형에 기포령에 따라 이들은 남하를 시도했으나 강원도 지역 민보군과 관군의 방비에 막혀 결국 홍천으로 돌아왔다. 10월 11일 홍천군 내촌면에 집결한 이들은 이날 관곡 창고가 있던 동창일대를 공략한 후 강릉으로 진군해 갔다.

이 홍천의 농민군은 10월 21일 감역 맹영재(孟英在)가 이끄는 민보군과 홍천 장야촌에서 마주쳐서 접전을 벌였으나 패하고 서석면 풍암리 자작고개로 퇴각했다. 이들은 여기서 22일에 또다시 관군과 치열한 접전을 벌였지만, 800여명에 이르는 엄청난 희생을 치르며 패전했다. 봉평 내면까지 퇴각한 홍천 농민군은 11월 11 - 14일까지 일본군을 중심으로 한 군대와 맞서 싸우다 크게 패하고 말았다. 이것이 강원도 지역에서의 마지막 항쟁이었다.

3) 경기도

경기도 지역 농민군의 활동 역시 9월 재봉기가 시작되는 9월에 들어서야 비로소 나타났는데, 그나마 세력과 활동이 매우 미약한 편이었다.

경기도 지역 농민군의 활동지역과 양상은 9월초부터 농민군 진압에 나선 이두황의 보고문을 통해 파악된다. 이 기록에 따르면 9월 초순 어느 곳에서 봉기한 농민군인지는 확실치 않으나 이들이 죽산(竹山)과 안성(安城)을 침범하였다. 용인(龍仁) 직곡과 금량 등지에서도 농민군이 상당한 세력을 형성하고 있다가 21일 이두황의 기습을 받아 20여명이 체포되고 나머지는 흩어졌다. 9월 25일에는 농민군 수천명이 음죽(陰竹) 관아를 포위 점령하고 군기를 빼앗아 갔다. 27일에는 이천(利川)의 농민군이 일본 병참소의 공격을 받아 30명이 체포되고, 지도자급 10명이 처형당했다. 29일에는 안성·이천의 농민군 수만명이 충청도 진천(鎭川)을 점령하여 관사와 관속을 결박하고 무기고를 헐어 군기를 빼앗았다.

29일 안성 등지 농민군의 충청도 진천 공격은, 용인·죽산·안성·음죽·이천 등지를 중심으로 활동했던 경기도 지역 농민군이 이두황의 관군과 일본군을 피해 충청도 지역으로 남하했음을 보여준다. 이후 경기지역에서 농민군의 조직적인 봉기는 거의 사라졌다. 대신 이 지역 농민군은 충청도 농민군과 합류해 진천·충주·음성·괴산 등지에서 활약하였다. 경기도 지역 농민군이 경기도에서 오래 버티지 못하고 충청도 쪽으로 남하할 수밖에 없었던 것은, 이곳이 서울의 인접지역이어서 초기부터 일본군과 관군의 강력한 진압에 부딪쳤기 때문이다.

4) 황해도

황해도 지역 역시 9월 재봉기가 시작된 이후 본격적인 봉기가 이루어졌다. 황해도에서는 9월 들어 서해연안의 여러 군현에서 농민군이 활발히 일어나고 있었다. 10월 6일 농민군 수만명이 감영인 해주(海州)의 취야장터에 모여 여러 조항의 폐정을 적어 제출한 뒤 일단 해산했다. 그러나 이들은 임종현(林宗鉉)의 지휘아래 곧바로 다시 모여, 먼저 강령(康領)현에 들어가 현감을 위협하고 군기를 빼앗아 무장한 다음 기세를 몰아 해주감영을 점령했다. 감영을 점령한 농민군은 관청을 부수고 포를 쏘고 군기를 탈취하고 문서를 불사르고 판관 등을 결박 구타했다. 이들은 한달여뒤인 11월 초순에야 해주감영에서 물러났다.

한편 해주를 점령한 농민군 이외에도 황해도 지역 곳곳에서 농민군이 활동했다. 재령(載寧)의 농민군 2,000여명은 10월 26일 쌀을 사들이기 위해 파견된 일본군을 공격하였고, 28일에는 일본인 2명을 죽였다. 이들은 11월 1일 일본군과 접전을 벌이다 15명의 희생자를 내고 흩어졌다. 10월 27일에는 풍천(豊川)의 농민군 수천명이 봉기하여 풍천부를 점령하였는데, 이들은 11월 3일 일본상인 한 명을 죽였다. 11월 4일에는 평산(平山)일대의 농민군이 일본군을 공격한 뒤 평산부를 점령하였다. 이들은 관사를 불태우고 관사에 맡긴 일본공병의 철선(鐵線)과 전신기기도 모두 파괴하였다. 평산부사는 김천(金川)병참부로 도망했는데, 김천도 농민군에게 점령되기 일보직전이었다. 그러나 평산·김천일대의 농민군은 곧 서울에서 파견된 일본군에게 쫓겼고, 일본군은 김천·평산을 거쳐 11월 10일 해주로 들어가 민보군 조직인 명의소(明義所)를 세웠다.

해주감영에서 물러났던 농민군은 황해도 곳곳의 관아를 잇따라 점령했다. 11월 11일에는 500~600명의 농민군이 강령현을 습격하여 일본군과 싸웠고, 13일에는 신천(信川)의 농민군이 일본군과 접전했다. 황해도 일대의 농민군은 13일 송화현(松禾縣), 문화현(文化縣), 평산부, 조니진(助泥鎭), 오우진(吾又鎭), 용매진(龍媒鎭)을 점령하였고, 14일에는 장연부(長淵府), 신천군, 장수(長壽)산성, 수양(首陽)산성을 점령했다. 농민군은 15일에는 옹진수영(翁津水營)을 공격하여 수사(水使)에게 중상을 입혔으며 17일에는 연안부(延安府)를 공격했다. 또한 19일 은율현(殷栗縣)과 21일 백천군(白川郡)을 공격하였다.

이처럼 황해도 각지에서 기세를 올리던 농민군은 다시 해주감영 공격을 대대적으로 준비했다. 그리하여 11월 20일 취야장터에 수천명이 모였고 24일에는 수만의 농민군이 총집결하였다. 이들 농민군은 11월 27일 해주감영을 총공격하였다. 이때의 농민군은 재령·신천·문화·장연·옹진·강령 등지에서 집결한 3만여명에 이르는 연합부대였다. 해주성 공격의 선봉장에는 당시 동학접주이던 백범 김구(金九)도 있어 주목된다.

그러나 농민군은 성문을 굳게 닫고 지키던 관군과 일본군의 방어벽을 뚫지 못했고, 격전 끝에 20여명의 희생자를 내고 후퇴했다. 해주성전투 당시 체포된 농민군에게서 도록(都錄)이 나왔는데, 여기에는 농민군이 황해도 감사 이하 각 고을 수령과 판관·방백 등을 정해 놓은 내용이 기록되어 있었다. 해주전투에서 패배한 황해도지역 농민군은 이후 이듬해 1월까지도 산발적인 항쟁을 벌였으나 곧 기세가 꺾였다.

황해도는 경기 이북에서 농민군 활동이 가장 격렬했던 곳이다. 감영이 농민군 수중에 들어간 사례는 동학농민혁명 전체과정에서 전라도를 제외하고 황해도가 유일하다. 2개월여의 항쟁으로 끝났지만 황해도 지역 농민군의 위세는 삼남지방에 못지 않았다. 당시 황해도지역 농민군 진압을 맡았던 일본군 장교는 '해주 부근 백성은 모두가 농민군이었고 황해도의 3분의 2가 농민군이었다'고 보고할 정도였다. 이처럼 대단한 세력을 형성했음에도 황해도지역 농민군은 인근 지역과 연계하지 못한채 독자적으로 활동한 한계를 보였다.

이처럼 9월 재봉기 때는 전라도와 충청도 지역의 농민군이 힘을 합쳐 북상길에 올랐고, 이와 별도의 조직을 이룬 가운데 경상·강원·경기·황해도의 농민군이 봉기하였다. 사실상 조선 전역에서 농민봉기가 일어난 것이다. 봉기한 농민들은 일본군과 맞서 싸우며 반일(反日)항쟁을 전개하는 한편, 지역에 따라서는 매우 강력한 사회개혁 운동을 펼치기도 하였다. 한마디로 9월 재봉기 당시에 조선 전역은 항일구국 운동과 사회개혁 운동의 물줄기로 일렁이고 있었다.

5. 공주전투, 우금치의 좌절

10월 21일경 논산을 출발한 전봉준과 손병희의 농민군은 공주를 눈앞에 두고 23일부터 잇따라 일본군 및 관군과 전투를 벌였다. 공주성을 둘러싼 전투의 서막이 오른 것이다. 이보다 며칠전인 21일 충청도의 농민군이 목천(木川) 세성산에서 관군과 전투를 벌였는데, 이는 공주의 측면을 장악하여 관군의 남하를 견제하고 농민군의 진격로를 확보하려는 것이었으나 농민군은 패하였다.

논산을 거쳐 노성에서 공주로 들어오는 길은 경천(敬川)으로 해서 판치(板峙, 널치)를 넘어 효포(孝浦), 웅치(熊峙, 곰티)를 경유하는 길과 이인을 거쳐 우금치로 들어오는 길이 있다. 이때 농민군은 노성에서 2대로 나누어 전봉준이 이끄는 1대는 판치-효포-웅치로 공주의 동쪽을 공격하고, 나머지 1대는 이인으로 나아가 공주의 남쪽을 공격하는 전략을 썼다.

공주전투는 23일 이인(利仁)에서 시작되었다. 이날 이인을 점령한 농민군은 구완희(具完喜)의 순영병, 성하영의 경리청병, 스즈끼(鈴木彰) 소위가 지휘하는 100여명의 일본군과 만났다. 농민군은 일·관(日·官)연합군의 공격을 받자 인근 취병산으로 후퇴하여 쏘며 반격전을 폈다. 이들은 여기에서 몇차례의 공방을 주고 받았는데, 날이 저물면서 농민군에 밀린 관군은 100여명의 전사자를 내고 공주쪽으로 달아났다. 첫 접전에서 농민군은 승리를 거둔 것이다.

다음날에는 효포(孝浦)에서 전투가 벌어졌다. 이곳을 지키던 홍운섭(洪運燮)과 구상조(具相祖)가 23일밤 금강을 건너 대교리 일대의 농민군을 치러 나간 틈을 타고, 전봉준의 주력군 1대가 이곳을 급습한 것이다. 전날 이인에서 패주한 성하영과 백낙완(白樂浣)이 이끄는 관군은 포를 쏘며 농민군의 진격을 막아섰다. 양쪽의 공방은 해가 지기전까지 계속되었다. 이때 급보를 받고 달려온 선봉장 이규태는 '납교(납다리) 뒷산에 올라가 적세를 바라보니, 적은 건너편 산봉우리에 기를 꽂고 병풍처럼 둘러 있는데 수십리에 뻗쳤다. 해가 저물어 진격을 못하고 우선 우금치 금학동 효포동 납교후봉 등 요처에 병력을 배치하여' 공주일대를 수비하였다.

25일 날이 밝는 즉시 농민군은 전봉준의 지휘아래 웅치를 공격하였다. 이에 일·관연합군은 강력하게 방어하며 맞섰다. 웅치전투의 상황은 농민군에 불리했다. 이규태의 본진이 모리오(森尾雅一) 대위의 일본군 100여명과 합세한데다 대교에서 돌아온 홍운섭 부대까지 가세해서, 진압군은 이전과는 사뭇 다른 세력을 이루고 있었던 것이다. 이날 전투상황을 홍운섭은 다음과 같이 기록하였다.

경리청대관 조병완(曹秉完)이 북으로부터 적의 오른쪽을 공격하고 참령관 구상조와 일본병 30명이 남쪽으로부터 적의 왼쪽을 공격하고 성하영은 정면으로 진격하였다. 적(농민군)의 세력은 과연 듣던 바와 같이 산과 들을 덮어 수를 헤아릴 수 없는 지경이었다. 소위 우두머리인 전봉준은 큰 가마에 타고 기를 펄럭이며 뿔나팔을 불면서 (지휘했고, 농민군은) 벌떼처럼 세 길로 나란히 진격해 왔다. 한나절 동안 치열하게 싸웠지만 승부를 가리지 못하였다. 해질 무렵 적 70명여명을 죽이고 대포 2대 등을 빼앗자, 적세는 점점 꺾이더니 조금씩 후퇴하여 건너편 시야산으로 후퇴하였다. 날이 저문데다 관군도 지쳐서 더 이상 죽이기 어려워 군사를 거두었고, 적은 어둠을 틈타 남쪽으로 30리쯤에 있는 경천으로 갔다.

23일부터 25일까지의 전투는 일종의 전초전인 셈이었다. 승패가 확연히 갈린 것은 아니었으나, 이 전투에서 농민군은 목적을 이루지 못하고 경천으로 물러났다. 이때 전주에 있던 김개남은 북상을 시작하여 24일 '청주로 가는 길을 열고자' 금산을 점령하였다. 금산을 친 것은 공주전투의 성원(聲援)이 되기 위해서 였다. 양쪽 농민군의 공격이 밀접한 관계에 있었음은 '전봉준 수하의 소위 운량관, 우마감관 명색 등을 체포했는데, 비괴(농민군) 사이에 오고간 문서를 살펴보니 효포·청주·금산 세 곳에서 싸울 때의 설계(設計)가 극히 흉포하다'고 한데서도 알 수 있다. 또한 손화중은 전봉준이 논산을 출발하던 10월 21일 후방수비를 확고히 할 필요에서 "농민군으로서는 등에 찔린 가시같은 눈에 박힌 바늘과 같은" 나주를 공격하였다.

11월 초순 노성과 경천일대에서 전열을 정비한 농민군은 일본군·관군과 공주 우금치에서 전면 전투를 벌였다. 농민군이 공주성 2차 공격에 나선 것은 11월 8일이었다. 이날 관군은 성하영 부대가 이인역을, 구상조 부대가 판치를 각각 맡고 있었다. 공격에 나선 농민군은 2대로

나뉘어 이인과 판치의 관군을 공주쪽으로 몰아 붙였다. 선봉장 이규태
는 8일 "미시(오후 1시 - 3시) 경에 적도(농민군) 몇 만 명이 경천에서
판치를 향해 올라오고 또 다른 한 부대는 노성 뒷봉우리를 타고 올라
오는데, 이들은 포를 터뜨리고 오색기를 휘날리면서 돌진해 온다. 또한
몇 만명이 논산에서 재를 넘어 이인을 향해 몰려오고 또 몇 만명은 오
실산 쪽으로부터 이인의 후방을 포위하려 한다"는 급박한 보고를 받았
다. 판치의 구상조 부대는 농민군의 대대적인 진격에 밀려 효포와 웅치
로 후퇴했다. 농민군은 계속 돌진하여 효포와 웅치의 뒷면까지 진출,
주위에 깃발을 꽂고 기세를 올렸으나 더이상의 공격은 하지 않았다. 판
치쪽에서는 관군이 일방적으로 후퇴함으로써 전투는 벌어지지 않았던
것이다.

그러나 이인의 상황은 약간 달랐다. 성하영이 지휘하는 경리청군은
선봉진의 후퇴명령을 시행할 사이도 없이 농민군에게 포위되었다. 이들
은 밤중이 되어서야 겨우 퇴로를 뚫어 10리쯤 떨어진 우금치까지 도망
칠 수 있었다. 성하영은 "적의 공격을 앞뒤로 받아 몇만명의 비도들을
죽이거나 물리쳤고, 병정들에게 엄한 명령을 내려 모든 군사가 우금치
로 후퇴하여 주둔했다. 만일 있는 힘을 다하고 몸을 던지지 않았다면
이런 승리를 얻을 수 없었을 것이다"고 보고했다. 그러나 이 보고는 과
장이 섞인 것이었고, 사실 이인쪽의 관군은 농민군에게 패하여 밀려났
던 것이다.

성하영 부대의 대관이었던 백낙완은 자신의 일기 「남정록(南征錄)」에
이날의 상황을 이렇게 적었다. "8일 신시(오후 3 - 5시께) 경에(농민군이)
개미떼 같이 결진하고 바람같이 들어오며 내가 지키는 취병산을 둘러싸
니 포성은 우레와 같고 탄환은 우박이 내리는 듯 하였다. 우리 병사들
이 적세를 바라보고 총을 안고 우러러 말하기를 대관, 대관 우리들이

이 땅에서 죽겠도다." 즉 관군이 싸울 뜻을 잃을 만큼 매우 불리했던 것이다.

9일 날이 밝으면서 동학농민혁명의 전과정에서 가장 처절한 싸움으로 기록되는 이른바 우금치전투가 벌어졌다. 이날 농민군은 총집결하여, 동으로 판치 뒷봉우리에서 서쪽으로 봉황산 뒷편까지 30-40여리에 걸쳐 산위에 진을 쳤다. 북쪽을 제외하고 삼면에 진을 치며 공주감영을 둘러싼 것이다. 일·관 연합군은 우금치를 중심으로 왼쪽 봉우리에 모리오 대위의 일본군이, 맞은편 견준봉에는 백낙완, 고개밑에는 성하영 부대가 각각 배치돼 주방어선을 형성했다. 또한 동남쪽으로 금학동에는 통위영 대관 오창성(吳昌成), 웅치에는 경리청 영관 홍운섭, 구상조, 대관 조병완, 효포의 봉수대에는 통위영 영관 장용진(張容鎭)과 대관 신창희(申昌熙) 부대가, 그리고 금강나루와 산성쪽은 공주목 비장(裨將) 최규덕(崔圭德)이, 공주감영 뒷편 봉황산 방면은 민병이 각각 수비를 맡았다. 일·관 연합군 역시 전면 전투 채비를 갖춘 것이다.

곧 효포쪽에서 전투가 시작되었고, 전봉준의 주력부대가 우금치를 공격하자 일본군과 관군이 무차별 포격을 가함으로써 전투는 본격적으로 전개되었다. 이렇게 시작된 우금치전투의 전개 양상을 조선군대의 사령관격인 선봉장 이규태의 보고문을 틀로 하여 간추려보자.

이날 농민군은 일본군과 관군을 동서남 삼면으로 둘러쌓는데 처음과 끝이 동에서 서까지 30리 지경이나 뻗쳐 서로 호응하였다. 농민군은 처음에 동쪽의 효포 웅치 쪽에서 공주영을 육박하였지만, 실은 남쪽의 우금치를 목표로 한 것이다. 또 전봉준 부대가 우금치로 육박하였다가 우금치의 방어가 공고하자 서쪽의 주봉 쪽에서 공격하였으나 이 역시 우금치를 노리는 전략이었다.

우금치를 지키던 성하영 부대가 농민군의 공격을 감당하기 어렵게 되

자, 모리오(森尾) 대위는 우금치 견준봉 사이의 능선에 일본군을 배치하
였다. 공격해 오는 전봉준 부대를 향해 이들은 산마루에 나란히 서서 일
제사격을 가했다가 산속으로 은신하였다. 농민군이 고개를 넘고자 하면
곧바로 또 산마루에 올라가서 일제히 총을 발사했는데, 이렇게 하기를
40‒50차례 거듭하자 농민군의 시체가 온 산에 가득히 찼다. 관군은 일
본군 사이에 끼여 사격을 가했다. 그러자 농민군은 조금 떨어진 건너편
의 언덕으로 후퇴하며 저항하였다. 관군이 언덕 밑으로 기어서 사격을
계속 가하자 농민군은 이에 맞서 공격하려다 능선에서 내려 쏘는 기관
총 사격에 밀려 결국 후퇴하였다. 전봉준·손병희가 이끄는 수만명의 농
민군은 우금치를 넘기 위해 공격과 후퇴를 40‒50차례나 거듭하며 사활
을 건 싸움을 벌였던 것이다.

사진 31 오늘의 공주 우금치

우금치를 공격해 오는 농민군의 기세에 대해 이규태도

아아, 저들 비류(농민군) 수만의 무리가 40 - 50리에 걸쳐 두루 둘러싸 길이 있으면 싸워서 빼앗고 높은 봉우리를 싸워서 점거하며 동에서 소리치면 서에서 따르고 왼쪽에서 번뜻하면 오른쪽에서 나타났다. 깃발을 흔들고 북을 치며 죽음을 무릅쓰고 앞을 다투어 기어오르니 저들은 무슨 의리이고 무슨 담략인가. 저들의 행동을 말하고 생각함에 뼈가 떨리고 마음이 서늘하다. 만약 병력이 전후좌우에서 방비를 하지 못하여 병사들의 사기가 떨어졌다면 맹렬히 밀어붙이는 기세에 마침내 그들을 막아낼 수 없었을 것이다.

고 하였다. 그러나 농민군은 잘 훈련된 일본군과 그들의 최신 병기의 화력을 극복하지 못하고 수천명에 이르는 희생자를 낸 채 끝내 패하고 말았다.

사진 32 우금치전투 기록화

9일의 우금치전투에서 농민군은 회복하기 어려운 치명적인 타격을 입었다. 우금치전투의 참상은 전봉준도 "2차 접전후 1만여명의 군병을 점고하니 남은 자가 불과 3천명이었고, 그 뒤에 다시 2차 접전하고 점고하니 5백여명에 불과했다."고 회고할 정도로 심했다. 전투는 이후 11일까지 계속되었지만, 이미 전면적 전투가 아니었다.

수만에 이르는 농민군은 일본군 200여명 관군 2,500여명 등 2,700여명에 불과한 진압군을 극복하지 못하였다. 이런 숫적 우세에도 참혹하게 패배한 이유는 무엇인가? 이에 대해서는 여러가지 지적이 있다.

우선 농민군의 모든 역량을 결집하지 못했던 점이다. 최시형 휘하의 충청도 일대 농민군이 처음에 입장을 달리함으로써 농민군의 역량을 크게 분산시켰고, 또 손화중 김개남 최경선 등의 농민군 정예부대들이 여러가지 이유로 공주전투에 합류하지 못했기에 패전했다는 것이다. 또 목천 세성산전투 등 공주전투의 전초전에서 패배한 점, 일·관 정규군과의 전투에서 유격전이 아닌 전면전을 택한 점, 공주 공격에 앞서 충청감사 박제순에게 항일의병에 동참할 것을 호소했으나 동조를 얻지 못하는 등 반일연합전선을 효과적으로 구성하지 못한 점 등이 패인이라고 이야기된다.

물론 이런 지적들이 꼭 틀린 것은 아니지만, 이는 농민군에게 과도한 기대를 하고 본 시각이다. 이렇게 생각을 해보자. 만일 농민군이 총집결하고 유격전을 택하고 전초전에서 이겼다면, 농민군은 공주전투에서 틀림없이 승리했을까? 장담할 수 없는 일이다. 그런 점에서 위의 내용들은 농민군이 지닌 한계이지 패인이라고는 보기 어렵다.

공주전투에서 패한 직접적이고 결정적인 원인은 전투 수행능력과 화력의 차이였다. 일본군은 잘 훈련된 정예병이었고 대포와 연발총, 최대사거리가 2,000m에 이르는 미제 스나이더 소총과 무라다(村田)

사진 33 우금치에 세워진 농민군 위령탑

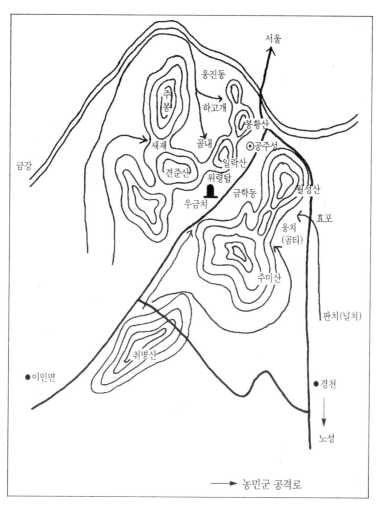

지도 3 공주전투도

소총 등 최신식 무기로 무장했다. 그러나 농민군은 말 그대로 농민
이었고 대부분 칼과 활, 죽창을 지녔다. 일부가 지닌 재래식 화승총
은 사거리가 100보 정도에 지나지 않았다. 이런 차이로 농민군은 산

사진 34 일본군이 사용한 미제 스나이더 소총

정상을 지키고 있는 일본군에게 근접하기가 결코 쉽지 않았던 것이다.

6. 퇴각, 그리고 해산

우금치전투가 끝난 뒤 노성까지 물러난 전봉준은 12일 조선군대에게
다음과 같은 호소문을 보냈다.

경군(京軍)과 영병(營兵)에게 알리노라
두차례의 싸움은 후회막급이다. 당초의 거의(擧義)는 척사원왜(斥邪遠倭)하
는 것 뿐이라. 그런데 경군이 사(邪)를 돕는 것은 실로 본심이 아니고 영병이
왜를 돕는 것도 어찌 자의(自意)에서 나온 것이겠는가. 필경은 하늘의 이치로

함께 돌아가리니 지금 이후로는 절대로 서로 다투지 말고 부질없이 인명을 살
해하지 말며 인가를 불태우지 말고 함께 대의를 도와 위로는 국가를 돕고 아
래로는 백성들의 삶을 편안케 할 뿐이라. 우리가 만약 이를 속인다면 반드시
하늘의 벌이 있을 것이고, 임금이 마음을 속이면 반드시 자멸할 것인 바, 원컨
대 하늘을 가리키고 해에 맹세하여 다시는 다치는 일이 없기를 바란다. 며칠전
의 쟁진(爭進)은 길을 빌리려 한 것뿐이다.

갑오 11월 12일 창의소.

농민군과 관군이 연합하여 항일투쟁에 나서자고 한 것이었다. 위기에
처한 나라와 민족을 건지기 위한 마지막 호소였으나, 이미 승세를 잡은
데다 일본군의 지휘하에 있던 관군이 이에 호응할 리 없었다. 이 사이
금산에 있던 김개남이 5,000여명의 농민군을 이끌고 북상하여 10일 진
잠(鎭岑)을 점령하고, 11일 회덕(懷德)과 신탄진을 경유하여 13일 청주
를 공격하였다. 이때의 북상 또한 전봉준의 요청에 따른 것으로 공주를
공격하던 전봉준의 후원이 목적이었다. 그러나 김개남 역시 청주영병과
일본군의 공격을 받고 무너졌다.

이렇듯 9월 재봉기에서 전봉준과 김개남이라는 두 최고지도자가 북
상로를 달리 했다는 점을 두고, 이것이 농민군이 패한 하나의 원인이라
고 말하기도 하고 양 지도자가 갈등과 대립관계에 있었다고도 한다. 그
러나 재봉기와 관련한 양자의 활동내용과 일시가 거의 일치하고 있었
다. ① 8월말의 회담 직후인 9월 8일경부터 양자가 거의 동시에 재봉기
준비를 갖춘 것 ② 9월 8일부터 한달 이상 양자 모두 북상하지 않았던
것 ③ 양자의 실질적인 북상이 불과 이틀 사이에 이루어진 것 ④ 양자
의 전면전투 역시 며칠 사이에 벌어진 것 등이 그렇다. 또 김개남의 선
주점령·금산·청주공략이, 전봉준이 북상하는 단계에 후원이 되기 위
한 것이었다. 두 지도자의 북상로는 달랐지만, 이는 농민군의 전력을 극

대화하려는 전략적인 것이었다. 비록 재봉기 직전에 양자가 노선의 차이를 보였으나, 대일항전(對日抗戰) 앞에 그것은 별 문제가 되지 못했던 것이다.

그러면 전봉준이 공주를 공격할 때, 김개남이 청주를 공격해야 할 이유는 무엇일까? 우선 고려할 점은, 청주는 공주와 함께 서울로 가는 주요 통로라는 청주의 지리적 중요성이다. 이 점은 일본군이 남하하면서 서쪽 공주노선, 동쪽 대구병참노선, 청주노선의 삼로를 취할 때, 그 대본부가 청주노선을 따라 내려온데서도 알 수 있다.

둘째 당시 전라·충청 양도에서 농민군에게 함락되지 않은 곳은 충청감영인 공주와 병영(兵營)인 청주뿐이었다는 점이다. 재봉기 직후의 이러한 정황은 "목하 열읍들은 모두 힘이 미약하여 병기를 빼앗겨도 속수무책으로 보내지 않는 곳이 없으며, 공주·청주 두 감영과 홍주(洪州)만이 아직도 보존하고 있는 형편입니다. 그러나 며칠 사이에 홍주도 그 안위가 어떻게 될지 모를 일입니다"는 충청감사의 보고가 보여주고 있다. 따라서 서울로 가려는 농민군으로서는 공주와 함께 병영 청주를 점령할 필요가 있었다.

셋째 농민군은 공주공격에 참여하지 못한 일단의 농민군을 합류시켜 전력을 확대할 필요가 있었다. 이때 가장 주목되는 세력은 9월 23일부터 청주를 위협하던 서장옥의 농민군과 공주로 가지 않고 옥천(沃川), 영동(永同), 문의(文義) 등 청주와 멀지 않은 곳에 남아 있던 농민군이었다.

끝으로 청주 공격은 농민군의 세력확대를 의미함과 동시에 관군과 일본군의 전투력이 공주로 집결되는 것을 예방하는 방편이기도 하였다. 이는 "호남의 비도가 … 청주를 침범하려 한다 하는데 … 진실로 청주를 범하는 때에는 유성과 진잠 사이에 병을 남겨 두어 적을 초멸"하겠다는 관군의 보고, "공주로 간 제2중대로부터 형세가 극히 위험하니 속히 와서 구해 달라는 급보가 있었다. … (그러나) 1개지대(만)를 가게 하였다. 그 이유는 공주를 후원하려면 … 옥천 방면에 남아 있는 적이 없어야만 했기 때문이다"는 일본군의 보고로 알 수 있다. 서울과 가까운 공주의 위쪽을 공략당할까 깊이 우려하고 있었던 만큼 일·관군으로서는 청주 일대로 농민군이 모이는 것에 대비하지 않을 수 없었던 것이다.

이처럼 농민군의 공주·청주로의 분산공격은 3월 봉기에서 보여준 농민군의 전략과 유사한 것이었으며, 그 목적은 이때에도 농민군을 전력을 키우고 진압군을 분산시켜 공격효과를 최대화하는데 있었다. 농민군으로서는 최선을 다한 것이었다. 9월 재봉기는 전봉준, 김개남, 손화중의 전라도 농민군과 최시형, 손병희의 충청도 농민군이 일치된 전략 속에 치른 총력전이었던 것이다.

전봉준이 이끄는 3,000여명의 농민군은 14일부터 일본군, 그리고 이규태와 이두황이 합류한 관군의 본격적인 추격을 받기 시작했다. 농민군은 14일 노성에서 공격을 받고 논산으로 밀려났고, 15일에는 논산 황화대에서 접전을 벌였다. 그러나 "(관군이) 동북에서 공격해 올라가자 적(농민군)은 남으로 도망하였다. 관군이 그 뒤를 쫓아 사격하니 1천여명의 적이 이에 맞아 쓰러졌는데, 마치 추풍낙엽과도 같았다. 길에 버린 총과 창, 밭가에 널려 있는 시체가 눈에 걸리고 발에 채였다"는 기록대로, 농민군은 막대한 희생자를 낸 채 강경으로 패주했다.

전봉준과 김개남은 강경에서 만났으나, 이들의 조직과 세력은 이미 완전히 허물어진 상태였다. 이들은 함께 남하하여 11월 19일 재봉기의 출발지인 전주에 이르렀다. 그러나 계속되는 패배로 이미 농민군의 전력과 사기는 크게 꺾였고, 더욱이 일본군과 관군은 그 뒤를 바짝 쫓아오고 있었다. 이런 상황에서 더이상 전면 전투는 불가능하였다. 그리하여 22

일밤 전봉준·손병희는 고부방향으로, 김개남은 남원방향으로 흩어졌다. 이후로도 전투가 있었지만, 전주성에서 분산한 것을 끝으로 농민군은 사실상 해산 국면에 이르렀다. 농민군이 철수한 전주에는 이튿날 일본군 후비보병 제19대장 미나미(南小四郎)가 이끄는 일본군과 이두황이 이끄는 경군이, 26일에는 선봉진 이규태의 경군이 들어와 전주성을 장악하였다.

전주에서도 밀려난 농민군은 25일 금구 원평에서 접전했다. 그러나 한나절 동안 전개된 이 싸움에서 농민군은 "적(농민군)은 산위에 있고 아군은 벌판에 있었는데, 사방에서 함성을 지르고 불과 연기로 덮여 원근을 구분하기가 어려울 정도였다. 이때 대관 최영학(崔永學)이 부대를 이끌고 산위로 올라가 적군 37명을 사살하니 모두 도망하였다"고 한데서 보듯이, 또다시 적지 않은 희생자를 내고 태인으로 패주했다. 27일에는 태인에서 전투가 벌어졌다. 태인일대의 농민군까지 가세하여 5,000 - 6,000명의 세력을 이룬 농민군은 하루동안 세차례에 걸친 접전을 벌이며 혼신의 힘을 다했으나, 일본군과 관군의 공격을 막기에는 역부족이었다.

농민군은 태인전투에서도 40여명의 사상자를 내고 패배하였고, 결국 전봉준은 11월 27일 태인전투 직후에 농민군을 완전히 해산시켰다. 이 원평과 태인전투에 대해 전봉준은 "금구에 이르러 다시 (농민군을) 모으니 숫자는 조금 불었으나 기율이 없어 다시 개전하기는 지극히 어려웠다. 일본군이 뒤따라오므로 두차례 접전(원평과 태인)하다가 패주하여 각기 해산하였다"고 진술하였다.

온 몸을 던져 새 세상을 열고 나아가 외세의 침략을 막고자 했던 농민군의 의지와 행동이, 일제의 야욕과 무력 간섭으로 좌절되고 만 순간이었다. 동학농민혁명의 반일(反日)항쟁으로서의 의미는, 역설적이지만 농민군이 꺾인 후 거국적인 저항 한 번 못하고 조선이 일제 식민지로 전락한 사실에서 잘 드러난다.

7. 최후의 항쟁

전봉준이 휘하 농민군을 해산시킨 데 이어 11월 27일 광주를 점령하고 모여 있던 손화중과 최경선도 곧 휘하 농민군을 해산시켰다. 이처럼 각 지역의 주요 농민군은 해산길에 접어들었다. 이들은 산간벽지로 숨거나 타지역으로 도피했다. 그러나 이들 중 일부는, 특히 광주에서 해산한 농민군은 전라도 서남해안의 장흥(長興)과 강진(康津) 쪽으로 밀려 내려갔다. 이들은 아직 세력을 유지하고 있던 이곳의 농민군에 합류하여 일본군과 관군에 최후까지 저항하였다.

당시 장흥·강진 일대의 농민군은 이방언(李邦彦)의 지휘를 받고 있었다. 이 무렵 여기에는 광주의 농민군만이 아니라, 인근 남평(南平)·보성(寶城)·능주(綾州)·화순(和順) 등지의 농민군도 합류했다. 또한 전봉준 본영에서 활동했던 금구대접주 김방서(金邦瑞)부대도 합류했다. 이로써 장흥 농민군의 군세는 1만－3만여명으로 크게 강화되었다.

이들은 장흥부 외곽의 사창(社倉)에 주둔하며 전열을 가다듬은 다음, 12월 3일 벽사역(碧沙驛)과 장흥부 인근까지 진출했다. 12월 4일 벽사역을 점령한 농민군은 건물과 역졸들이 살던 민가를 불태웠고, 다음날에는 장흥부성을 점령하고 부사와 관속들을 총살한 후 강진현과 강진병영으로 방향을 돌렸다. 9일 농민군은 강진현을 포위하자, 강진 유생 김한섭(金漢燮)이 민보군을 이끌고 막고 나섰다. 그러나 농민군은 민보군을 제압하고 강진현도 점령하였다. 농민군은 강진현을 함락시킨 여세를 몰아

10일 강진병영을 공격하여 점령하였다.

　이처럼 농민군이 장흥·강진일대에서 잇따라 승리를 거두는 동안 나주에 머물던 관군은 일본군 미나미 소좌의 지시에 따라 강진으로 향했다. 관군의 추격소식을 들은 농민군은 영암(靈巖)으로 진출하려던 계획을 바꿔 다시 장흥으로 돌아갔다. 장흥으로 가던 도중인 13일 농민군은 통위영병과 일병으로 이루어진 30명의 선발대와 만나 1차 접전하였다. 그러나 농민군은 20여명의 희생자를 내고 물러났다가 전열을 정비하여 다시 장흥부로 진출을 꾀했다. 그리하여 15일에 이들 수만의 농민군은 교도병 및 일본군 본대와 장흥 석대들에서 전면 전투를 치렀다. 그러나 또 패하여 수백명의 희생자를 내고 퇴각길에 올랐다. 이들은 17일에 장흥 옥산리에서 최후의 항전을 벌였으나 여기서도 1백여명의 희생자를 냈다. 이 옥산리전투를 끝으로 장흥·강진 일대 농민군도 해산했다. 전라도 일대에서의 조직적 저항은 이렇게 끝이 났다.

　한편 손병희가 지휘한 농민군은 태인전투 이후 장성 갈재를 넘어 순창을 거쳐 임실로 들어갔다. 손병희는 11월 초순부터 임실 새목티에 머물러 있던 최시형을 만나 함께 도피길에 올랐다. 임실을 떠난 이들은 장수 장계로 가던 도중 관군과 여러차례 접전한 뒤 금산을 거쳐 12월 5일 무주를 점령하였다. 다시 북상길에 오른 손병희는 충청도 지역으로 넘어가 9-10일 청산, 황간, 영동을 잇따라 함락하였으나, 청주영병 및 보부상·민보군의 집중적인 공격을 받아 많은 사상자를 내고 패산하였다.

　이때 손병희는 가까스로 포위망을 뚫고 나와 보은 북실로 향했다. 북실에 주둔한 농민군은 17, 18일 일본군과 상주 소모영 유격병대의 공격을 받아 300여명이 사망했다. 북실을 떠난 손병희는 청주 화양동을 거쳐 충주 외서촌으로 갔다. 이 곳에서 관군의 습격을 받아 충주 무극시장으로 옮긴 손병희 부대는 24일 관군의 공격을 받아 대오가 완전히 흐트러졌다.

이에 최시형은 해산령을 내렸고, 최시형을 비롯하여 손병희·김연국(金演局)·손천민(孫天民) 등은 강원도 홍천으로 향했다. 이들은 강원·충청도를 오가며 이후 4-5년동안 세상의 이목을 피해 숨어지냈다. 전봉준·김개남·손화중 등 전라도의 핵심지도자들이 관군에 체포되어 처형을 당한 반면, 손병희 등 동학교단의 지도자 상당수는 관군의 추격을 따돌리고 살아남았다. 손병희 등은 뒷날 동학교단을 다시 일으켜 천도교(天道敎)로 교명을 바꾸고, 근대개혁운동과 항일민족운동에 헌신하였다.

해가 바뀌어 1895년 1월 24일, 대둔산 정상부근으로 도피하여 요새를 세우고 있던 농민군 25명이 일본군과 관군의 공격에 맞서 저항하다가

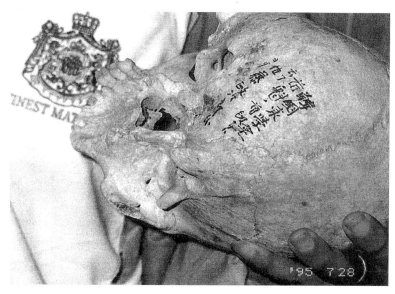

사진 35 일본 북해도 대학에서 보관하고 있던 농민군 지도자 유골

전원 몰살당하였다. 이것을 최후의 항전으로 해서 동학농민혁명은 대단원의 막을 내렸다. 이튿날부터 전라도 일대에 있는 일본군과 관군은 모두 전라도에서 철수하기 시작하였다.

공주 우금치전투에서 농민군이 패퇴하기 시작한 때로부터 전봉준·손병희·김개남이 이끈 주력 농민군에 참여한 이들은 말할 것도 없고, 이외에 전국 각지에서 봉기한 농민군도 일본군에 의해 잔혹하게 처벌되었다. 당시 일본군은 일본 정부로부터 농민군을 '전라도 서남단으로 밀어붙여 재기하지 못하도록 모두 살육하라'는 지시를 받고 있었다. 이처럼 일본이 농민군 진압에 혈안이 된 이유는 극명하다. 그것은 조선을 식민지로 삼는데 있어 무엇보다 큰 장애가 되는 세력이 바로 이들이었기 때문이다. 여기에 관군 및 향촌 유림을 중심으로 조직된 민보군에 의한 자의적인 살육이 뒤따랐다.

그리하여 1894년 12월부터 이듬해 1월까지 조선 전역에서 이루 헤아릴 수 없을 만큼 많은 이들이 목숨을 잃었다. 이때 희생된 농민군 숫자를 정확하게는 알 수 없지만, 당시의 문서들은 20만명 이상, 30만명, 30-40명이 전사 또는 학살되었다고 기록하였다. 이 가운데 하나만 적어보면 다음과 같다.

갑오년 12월부터는 조선 남방은 관병과 일병의 천지가 되고 말았다. 동네동네마다 살기가 충천하고 유혈이 가득하였다. … 동학군으로서 관병, 일병, 수성군, 민포군에게 당한 참살 광경은 이루 말할 수 없었다. 그 중에서 가장 참혹한 곳이 호남이 제일이었고 충청도가 그 다음이며 또는 경상, 강원, 경기, 황해 등 여러 도에서도 살해가 많았다. 전후 피해자를 계산하면 무릇 30-40만의 다수에 달하였고 동학군의 재산이라고는 모두 관리의 것이 되었고 가옥과 물건은 모두 불 속에 들어갔으며 기타 부녀자 강탈, 능욕 등은 차마 다 말할 수 없는 것이었다.

농민혁명과 그 이후 진압에 따른 전라도 일대의 참상은 전라감영인 전주의 파괴상에 대한 다음 몇몇 기록을 통해 상징적으로 읽어볼 수 있다.

전주부는 (완산전투 때) 호수(戶數)의 절반이 소실되었고 그 위에 이번(11월 말부터의 진압과정)에 또 다시 나머지 절반도 거의 다 소실 또는 파괴되었다. 그러므로 전주부는 모두 잿더미가 되었다고 해도 과언은 아니다. 실로 참담한 경황이었다. 요사이 한두 집씩 신축하는 것이 보이지만, 이것은 아마 부유한 사람뿐이었을 것이다. 성안의 관사로 하나도 파손되지 않은 것이 없었다

는 일본군 장교의 보고, "전주는 전쟁으로 약 1/3이 파괴되었고, 이때까지도 전주 다가동 천변에서 농민군 포로들을 공개 총살하는 일이 계속되었다"는 1895년 2월(양력) 전주에 온 테이트 목사의 목격기, 그리고 "전쟁으로 인해 전주의 주민수는 35,000명에서 24,000명으로 줄었다"는 1896년 3월(양력) 전주에 온 한 러시아 장교의 목격기가 그것이다.

농민군 지도자들 역시 대부분 체포·처형되었다. 김개남은 12월 초순 태인에서 잡혀 전주에서 효수되고, 전봉준은 순창에서, 손화중은 고창에서 잡혀 서울로 압송되었다. 전봉준은 '일본에 협조하면 살려준다'는 일본의 수차례에 걸친 유혹을 당당히 뿌리치고 이듬해 3월 29일 손화중·김덕명·최경선 등과 함께 의연하게 교수대에 올랐다. 전봉준의 교수형 장면을 지켜본 한 관리는 전봉준에 대해 이렇게 기록했다.

나는 전봉준이 처음 잡혀 오던 날부터 마지막으로 형을 받던 날까지 그의 전후 행동을 살펴보았다. 그는 과연 보기 전에 풍문으로 듣던 말보다 훨씬 뛰어나 보이는 감이 있었다. 그는 외모로부터 천인(千人) 만인(萬人)의 특출한 인물이었다. 그의 청수한 얼굴과 정채 있는 미목, 엄정한 기상과 강장한 심지

는 과연 세상을 한번 놀라게 할 만한 대단한 위인이요 대영걸이었다. 과연 그는 평지돌출로 일어서서 조선의 민중 운동을 대규모적으로 대창작적으로 한 자이니 그는 죽을 때까지 그의 뜻을 굽히지 아니하고 본심 그대로 태연히 간 자이다.

이런 잔혹한 토벌 속에서도 살아남은 이들의 행로는 어땠을까? 농민혁명에 참여했던 이들은 민보군 등의 살기등등한 진압 때문에 대부분 고향을 떠나 살거나 한참 뒤에야 몰래 돌아왔다. 그런 가운데 이들은 농민혁명 이후에 매우 다양한 형태로 분화되었다.

산이나 섬, 도회지로 도피하여 유리걸식하거나 화전민, 화적이 된 자도 있었고 다시 무리를 지어 사회개혁 활동에 나서는 자도 있었으며, 서양종교에 숨어들거나 신흥종교를 창도한 자도 있었다. 또한 상당한 기간 동안 몸을 숨기고 있다가 몇년뒤 동학을 재건하는데 참여하여 동학의 종교운동 및 개혁운동 등에 종사하는 자도 있었는데, 이 가운데 더러는 변절하여 일진회(一進會) 등 친일단체에 소속되기도 하였다. 그러나 이들의 대다수는 1895년 일본이 명성황후를 살해한 사건을 계기로 터져나온 의병대열에 합류하여, 또다시 항일민족운동에 헌신하였다. "의병의 절반은 비류(농민군)"라는 당대의 기록이 이런 점을 상징적으로 보여주고 있다.

제 5 장
농민들이 꿈꾼 세상

제 5 장 농민들이 꿈꾼 세상

1894년 1년 동안 조선 전역을 뒤흔든 농민 대중의 대항쟁, 동학농민혁명은 일제의 무력진압으로 12월에 대단원의 막을 내렸다. 그러면 30 - 40만여명의 희생자를 내면서까지 농민들이 이루고자 한 세상은 무엇인가? 농민혁명 과정에서 농민군이 여러차례에 걸쳐 올렸던 원정서와 그들의 활동을 통해 드러난 것을 사회·경제 및 정치분야로 나누어 살펴보자. 또 동학농민혁명의 역사적 의미는 무엇이었는지, 그리고 100년이 더 지난 지금 그 역사는 우리에게 어떤 의미를 던져주는지를 정리해 보자.

1. 동학농민혁명의 지향

1) 경제적 지향

농민들의 경제적 지향은 무엇보다도 조세 수취제도인 삼정을 바로잡는데 있었다. 삼정 가운데 전정과 관련된 개혁요구는 다음과 같이 정리된다.

○ 국결을 더하지 말 것 : 자연재해나 토호 관리들의 농간에 의해 축난 국가세입을 보충하기 위해 정부가 토지에 과다한 세금을 매기어 거두는 일이 없

도록 할 것.

o 진부결의 완전면제와 백지징세의 철폐 : 토지대장에 잡혀있다고 하더라도 이미 황폐하여 더이상 경작하지 못하는 토지에서는 세금을 영구히 매기지 말 것, 가뭄이나 홍수로 전혀 수확하지 못한 토지에서는 세금을 거두지 말 것.

o 균전관의 폐지 : 황폐화된 전답의 개간을 독려하기 위해 파견된 균전사가, 개간 직후부터 세금을 거두거나 제대로 된 전답까지 개간지에 포함시킨 뒤 세금을 거두어 착복하는 등 오히려 많은 폐단을 만드니 균전관 제도를 없앨 것.

o 각 궁방의 윤회결 혁파 : 각 군현에 돌아가면서 궁방전(대군, 왕자, 공주 등 왕족에게 조세권을 준 토지)을 매기는 것은, 궁방의 권세를 등에 업은 도장이나 이서배의 농간과 수탈이 극심하니 혁파할 것.

o 축보수세를 금단할 것 : 제방이나 보와 같은 저수시설의 수축을 명분으로 농민들을 강제 동원하지 말 것이며, 또한 제방과 보를 수축했다는 핑계로 수세(물세)를 강제로 거두지 말 것.

군정과 관련된 개혁요구는 다음과 같다.

o 결미를 대동법의 예대로 거두고, 포구의 어염세를 혁파할 것 : 수령과 아전이 결미(군포 부담을 줄이는 대신 그 보완책으로 토지에 매긴 부가세)에 붙인 각종 무명잡세를 금하고 원래 정한 법대로 시행할 것이며, 또한 어염세(군포부담을 줄이는 대신 어업활동에 매긴 부가세)를 혁파할 것

o 동포전을 예전대로 매호당 년 2냥씩 거둘 것 : 수령과 아전의 농간이나 영향력 있는 자가 빠져나감으로써 축난 군포를 메우기 위해 농민들에게 군포를 지나치게 많거나 여러차례에 걸쳐 거두는 것을 금하고 법대로 시행할 것.

환정과 관련해서는, 전라도내의 환곡은 전 감사 김문현이 이미 거두

어 갔으므로 다시 거두지 말 것과 진고를 혁파할 것을 요구하였다. 굶주리는 백성을 구제하기 위해 각 영마다 진휼고를 두었지만, 진휼고의 비용을 관아의 비용에서 쓰지 않고 백성에게서 거두며, 또 이를 이용하여 수령과 아전이 농간을 부리니 혁파하라는 것이었다.

삼정의 개혁에 관한 농민들의 요구는, 위에서 보듯이 집권층과 지방관리의 제도적 또는 불법적인 조세수탈을 중지하라는 것에 집중되었다. 말하자면 당시대의 경제적 모순을 총체적으로 철폐하여 가혹한 수탈로부터 벗어나게 해 달라는 절박한 요구였다. 그러나 이는 모순되고 문란했던 조세 수취제도에 대한 시정을 바란 것이지, 그 자체를 전면적으로 거부한 것은 아니다. 따라서 이런 요구를 가지고 농민군이 기존의 경제적 질서를 근본적으로 부정했다고는 할 수 없다. 이는 근대적 조세제도에 대한 안목이 없었던 현실에서 불가피한 것이기도 하다.

그러나 만일 이런 농민들의 요구가 실현된다면, 당시 조선의 지배구조는 사실상 그 뿌리에서부터 붕괴되는 결과를 낳았을 것이다. 농민혁명 과정에서 농민들이 제기한 삼정 개혁의 문제는 개화파정권의 갑오개혁에서 상당부분 수용되었다.

다음으로 농민들은 상업문제의 개선을 요구하였다. 주로 관과의 결탁을 통하여 특정 물건에 대해 독점권을 행사하는 도매상인 도고의 철폐, 영세한 상인에 대한 지배층의 수탈 금지, 보부상과 외국상인으로부터 농촌의 영세한 행상들의 활동 보장, 외국상인들의 개항장 밖 활동금지 및 내륙으로의 상권 확대 억제 등이 그것이다. 영세한 상인층의 기본적인 활동권과 생계유지 보장을 요구한 셈이다. 그러나 농민혁명이 좌절된 후, 일본상인이 조선에 본격적으로 진출해옴으로써, 영세 상인의 상업활동은 더욱 악화되었고 결국에는 그 기반이 송두리째 붕괴되었다.

2) 사회적 지향

신분제도와 같은 사회적인 문제의 개혁요구는 농민군의 원정서에 나타나지 않는다. 하지만 농민군의 활동 과정에 드러난 것을 통해 정리해 볼 수 있다. 사회적인 문제의 개혁요구는 신분제의 폐지에 집중되었다. 물론 신분제를 철폐하라는 공식적인 요구가 있었던 것은 아니다. 하지만 농민군은 농민혁명 과정에서, 횡포한 양반과 수령을 비롯한 관속, 그리고 양반 지주에 대한 처벌을 단행했다. 그 처벌과 응징의 강도는 '마치 그동안 쌓였던 원통하고 분한 기운을 다 풀듯이 강력했다'고 유림들은 기록하였다.

또한 농민군 사이에서는 신분의 벽을 없애려는 의식적인 노력이 경주되었다. 이런 활동은 집강소 기간에 특히 두드러지게 나타났다. 농민군은 집강소기간 이전에도 서로 '접장(接長)'이라는 평등한 호칭을 썼는데 집강소 기간에는 그것이 일상화되다시피 하였다. 다음을 보자.

　　그들의 법은 귀천이나 노소가 없이 모두 대등한 예(禮)로 절하고 읍(揖)을 하였다. 포군(砲軍)을 일러 포사 접장이라 하였고 어린아이는 동몽(童蒙) 접장이라 하였다. 종과 주인이 모두 입도하면 또한 서로 접장이라고 불러 친구와 같이 하였다. 그러기에 사노(私奴) 역인(驛人) 무부(巫夫) 수척(水尺) 등 모든 천인들이 가장 즐거이 여기에 따랐다.

그리하여 날이 갈수록 평민 이하의 계층의 참여가 확대되었고, 이에 따라 농민군의 신분타파운동은 점차 격렬하게 전개되었다. 다음의 기록은 이를 잘 보여준다.

적당(賊黨)은 모두 천인 노예였으므로 양반(兩班)·사족(士族)을 가장 미워
하여 (양반을 나타내는) 갓을 쓴 자를 만나면 곧바로 꾸짖으며 말하기를 '너도
역시 양반인가'하고 빼앗아 버리거나 혹은 자기가 그 관을 쓰고 거리를 돌아
다니면서 양반을 욕주었다. 무릇 집안의 노비로서 적들을 따르는 자는 물론이
고, 비록 적들을 따르지 않는 자라 할지라도 모두 지극히 천한 자가 주인을 위
협하여 노비문권을 불사르고 양인이 됨을 강제로 승인케 하거나 혹은 주인을
결박하여 주뢰를 틀고 곤장과 매를 쳤다. 이에 노비를 가진 자들은 바람에 따
라 노비문권을 불살라서 그 화를 덜었다. (노비 가운데) 삼가는 자는 (노비문권
을) 불사르지 말기를 원하기도 하였으나 (그런 기운이) 대단한 기세로 널리 퍼
져 주인이 더욱 이를 두려워하였다. 혹은 노비와 사족인 주인이 모두 함께 적
을 따르는 경우에는 서로 접장이라 칭하면서 그들의 법을 따랐다. 도한(屠
漢)·재인(才人)의 무리도 역시 평민·사족과 평등하게 같이 예(禮)를 했으므
로 사람들이 더욱 치를 떨었다.

농민군은 양반 사족에게 모욕을 주거나 복수하였으며, 양반과 서로
접장이라 부르며 똑같이 예를 하였고, 노비는 노비문서를 태워 자신의
신분에서 벗어나고자 했다. 농민군은 자신들의 무력을 바탕으로 신분타
파에 힘을 기울였던 것이다. 이런 경향에 대해서는 "조선안에서 관리나
양반이나 부호나 유림이나 아전이나 그 밑의 노령(奴令)이나 가지각색
의 놀고 먹기를 좋아하는 자들의 대개는 동학당(농민군)과 구수(久讎 ;
오랜 원수)를 맺게 되었고, 여러가지의 불평으로써 몇 백년을 두고 내려
오든 상민이나 노비, 서자 등 불평을 가진 사람들이 비로소 동학군의 손
을 빌어 일시에 폭발하였던 것"이라는 기록도 전한다.
이러했으므로 당시 농민군에 대한 지배계층의 분노는 극에 달하여,
농민군은 "동학군들은 귀천빈부의 구별이 없다거니 적서노주(嫡庶奴主)
의 구별이 없다거니 내외존비(內外尊卑)의 구별이 없다거니 동학군은
국가의 역적이요 유도(儒道)의 난적(亂敵)이요 부자의 강적이요 양반의

구적(久敵)이요 동학군의 눈아래는 정부도 없다"는 비난도 받았다. 그러나 그런 비난 등에도 농민군의 기세는 날로 성하였다. 신분질서의 타파는 농민군에게 그만큼 시의적절하고 절실한 문제였던 것이다.

농민군은 분명 양반도 상놈도 없는 그런 신분없는 세상을 꿈꾸었다. 비록 이를 글로 써서 공식적으로 요구하지는 못했으나, 농민혁명 과정에서 행동을 통해 적극적으로 표출한 것이다. 신분제도의 폐지요구는 결국 갑오개혁에 반영되어, 신분제는 1894년 6월 28일 군국기무처의 의안을 통해 법적으로 철폐되었다.

3) 정치적 지향

농민군은 정치적 문제와 관련하여 다음과 같은 요구를 하였다.

○ 탐관오리를 아울러 파면시켜 내쫓을 것
○ 위로 임금을 가리고 관직을 팔아 국권을 조롱하는 자들을 아울러 축출할 것
○ 수령이 된 자는 해경(該境)내에 입장할 수 없으며 또 논을 거래하지 말 것
○ 각 고을에 수령이 내려와 백성의 산지(山地)에 늑표(勒標)하거나 투장(偸葬)하지 말 것
○ 대원군을 국정에 간여토록 함으로써 민심을 바라는바대로 할 것
○ 각읍 아전 자리를 돈으로 임명하지 말고 쓸 만한 사람을 택할 것
○ 각읍 이속들이 천금(千金)을 축냈으면 그 자를 처형하고 친족에게 징수치 말 것

여기에서 보듯이, 정치적 문제에 관한 농민군의 직접적인 요구는 민씨정권의 축출과 탐관오리의 제거였다. 그러나 이것만으로 농민군의 정치적 지향이 다 드러났다고 볼 수 없다. 보다 중요한 것은 이들의 정치적 구상을 아는 일일 것이다.

　농민혁명은 비록 1년이라는 짧은 기간동안 전개되었지만, 농민군의 정치적 구상은 단계별로 변화, 발전하였다. 경제적 요구는 삼정개혁 문제로 시종일관했고, 사회적 신분문제는 집강소를 기점으로 신분타파운동이 강렬해지는 변화를 보였다. 이에 비해 정치적 구상은 3월 봉기 → 집강소 → 9월 재봉기를 거치면서 농민군의 의식 진전과 더불어 변화되고 구체화되었다. 정치적 구상을 살펴보자.

　3월 봉기때의 농민군의 구체적인 정치적 지향점을 확인하기는 어렵다. 격문, 4대명의 등에서 보듯이, 이때 농민군은 '정부와 관리의 폐정척결=민씨정권과 탐관오리의 척결'을 목표로 세우고 일치된 행동을 전개했다. 민씨정권의 척결 요구는 그 자체로 이미 농민군의 정치적 활동임에 틀림없다. 하지만 그것은 부패한 현정권에 대한 저항의 차원이었지 정치적 체제구상이나 그 요구에까지 이른 것은 못된다.

　또한 3월 봉기 과정에서 농민군이 여러차례에 걸쳐 '대원군의 집정(執政)'을 요구한 것도 정치적 구상과 관련하여 일단 주목되지만, 이는 폐정척결=민씨정권척결을 위한 적임자로서 대원군을 선망한 정도의 것이었다. 이 시기 농민군의 정치의식은 구체적인 정치형태에 대한 구상이 있었다기보다 우선은 폐정척결을 '기대'하는 차원에 머물러 있었다. 농민군의 정치적 구상은 이후의 정국 변화에 따라 드러날 것이었다.

　5월초 전주성에서 물러난 이후 농민군은 무력적 우위를 바탕으로 농민군 주도의 활동을 전개해 갔다. 이 시기에 전봉준은 김학진으로 대표되는 개화파와의 연합 가능성도 배제하지 않으며 '관민상화(官民相和)'를 통한 폐정개혁의 실현을 모색하였다. 이에 반해 또 다른 지도자 김개남은 타협거부의 강경책을 구사하였을 뿐, 정치세력과의 연합에 관심을 기울이지 않았다. 농민군 최고지도부가 방법상의 차이를 보인 것이다. 지도부의 이런 불일치에도 불구하고 양자 모두 단순히 '요구', '기대'하는

회와 같다'고 주장할 만큼, 서구의 정치체제와 일반민의 정치참여에 대한 상당한 지식이 있었다. 나아가 농민군의 최고지도자 전봉준이 '합의법'까지 말한 것으로 보면, 농민군 지도자들이 이를 알고 있었다고 보는 것이 옳다.

이런 인식의 바탕위에 전봉준 등은 합의법을 요체로 한 군민공치의 정치형태(입헌군주제)를 구상했고, 그 합의법을 수행할 핵심으로 농민군 세력과 더불어 대원군을 주목했던 것으로 판단된다.

한편 농민군의 정치적 지향의 큰 줄기는 외세(外勢) 축출이었다. 농민군은 3월 봉기 때부터 외세 축출의 문제를 제기하였다. 그러나 이때는 이게 핵심적인 지향은 아니었고, 그 대상도 서양인 선교사와 일본상인 등으로 한정되어 있었다. 외세축출의 지향이 구체화되고 본격화된 것은 일본군이 조선에 진주하면서 부터이다. 그리고 일본군이 궁궐을 강제로 점령하고 청·일전쟁을 도발하며 내정 간섭을 심화하면서 일본군이 제1의 적으로 떠올랐다. 이후 농민군은 일본군을 대상으로 전면적인 반외세(반일) 항쟁을 전개하였다. 하지만 농민군의 반외세 항쟁은 조선정부와 군대까지 장악한 일본군, 그리고 농민군을 더 위험시하여 일본군에 동조한 기득권세력의 공격에 밀려 좌절되고 말았다. 외침(外侵)이라는 민족적 위기 앞에 농민군은 정면으로, 그러나 외롭게 맞서 싸우다 산화해 갔던 것이다.

2. 동학농민혁명, 그 100년에 흐른 정신

동학농민혁명은 동아시아의 질서를 재편한 '청·일전쟁', 우리나라 최초의 근대개혁인 '갑오개혁'이라는 대사건을 불러왔다는 것만으로도 우선 주목받을 사건이다. 그러나 농민혁명의 역사적 의의는 그런 외형에 있는 게 아니다. 농민혁명의 내용 자체에 있다. 동학농민혁명의 역사적 의의와 그후 지금까지 100년에 면면히 흐른 정신은 무엇인가?

통치질서가 파탄에 처하고 일본 등 열강의 침탈이 자행되던 19세기 말, 조선은 크게 두가지 과제를 안고 있었다. 안으로는 낡은 신분질서를 뜯어고치고 모든 민족 구성원이 평등의 원칙아래 자유를 누리며 역사에 참여할 수 있는 사회를 건설해 가는 개혁, 즉 근대화(近代化)가 필요했다. 밖으로는 이런 내적인 역사발전을 해치는 외부로부터의 힘에 대응하는 것, 즉 자주화(自主化)가 필요했다. 말하자면 당시 조선은 침략을 배격하는 자주적 입장에서 사회적 개혁을 이룩해야 했다. 이 시대적 과제를 실현하지 못하는 한, 조선은 어떤 형태로든 몰락의 길을 걸을 수밖에 없었다.

물론 이런 과제에 부응하기 위한 위정자(爲政者)들의 고민과 노력이 전혀 없었던 것은 아니다. 양반지배층의 위정척사(衛正斥邪) 운동과 개화지식인들의 개화(開化) 운동이 그런 맥락의 노력이라 할 것이다. 그러나 두 운동은 모두 명백한 한계를 지니고 있었다. 양반층은 위정척사운동을 통해 자주권을 수호하고자 했지만 사회개혁은 반대했다. 개화세력은 개화운동을 통해 근대화를 실현하고자 했지만, 외세의 본질을 간과하고 침략세력과 결탁했다.

이런 한계 등으로 결국 두 운동은 이렇다 할 성과를 거두지 못했다. 그리하여 사회적 모순과 외세의 침탈로 인한 폐해는 더욱 심각해졌고, 그 최대 피해자인 농민들이 이 상황을 극복하기 위해 스스로 나선 것이 바로 동학농민혁명이다. 그런 점에서 동학농민혁명은 실로 시대적 요구에 부응한, 시의적절한 대응이었다고 할 수 있다.

새 세상을 향한 농민 대중의 일대 항쟁인 동학농민혁명은 그렇게 시작되어 1894년 한 해 동안 한반도 전역에서 전개되다가 30‑40만명의 희생자를 내며 끝났다. 그런데 이 사건의 전개과정은 우연히도 우리의 한 해 농사와 꼭 닮았다. 농민혁명의 씨앗이 뿌려진 동학공인운동 기간은 해빙에, 고부농민봉기는 봄의 파종에, 3월 봉기는 여름의 경작에, 집강소 설치 및 재봉기 단행은 가을의 결실에, 그리고 9월 재봉기의 좌절은 농부가 떠난 겨울의 황량한, 그러나 새로운 농사를 기다리며 힘을 비축하는 들판에 견주어 봄직한 것이다.

농민혁명 과정에서 농민군은 전(前)근대적 모순과 부패의 척결 즉 근대적 사회개혁을 요구하고 실행해 갔다. 구체적으로 말하면, 농민군은 사회적으로는 신분타파운동을 벌여 양반질서를 혁파하고 평등사회를 실현하고자 했다. 경제적으로는 조세 수취제도의 개선 등을 통해 (지주중심의 구조를 혁파하고) 영세한 농민과 상인, 수공업자 등 직접생산자들의 자립과 발전을 꿈꾸었다. 정치적으로는 왕정(王政)체제의 개선을 희망했다. 나아가 농민군은 일제의 침략이라는 민족적 위기에 정면으로 맞서 싸우며 항일민족운동을 전개했다.

한마디로 동학농민혁명은 당시 조선이 안고 있던 절체절명의 과제, '사회개혁과 외세침탈 배격 = 자주 근대화(반봉건 반외세)'를 이루려 한 농민들의 일대 항쟁이었으며, 우리 근대사의 성패(成敗)를 가르는 사건이었다.

국가와 민족의 뿌리인 농민들의 대항쟁은 불행하게도 일제의 무력에 의해 좌절되고 말았다. 그래서 이 사건을 흔히 실패한 혁명이라 말한다. 그러나 우리 근대사의 큰 맥락에서 보았을 때, 이 사건은 광무년간의 사회개혁 및 항일운동·의병전쟁·3.1만세운동·상해임시정부·광복군 활동 등 농민혁명 이후에 전개되는 숱한 민족운동의 조직적·이념적 수원지였다. 18세에 동학접주가 되어 이듬해 황해도 해주 농민군의 선봉장

사진 36 전북 임실군 운암면에 나란히 세워진 동학농민혁명, 3.1만세운동, 멸왜운동 (1928년)기념비 (임실의 농민군 지도자들은 이후 임실의 3.1만세운동과 멸왜운동을 이끌었다)

을 맡은 것을 시작으로, 이후 일본인 밀정 살해, 신민회(新民會) 및 상해 임시정부 활동, 광복군 조직 등 민족지도자의 길을 걸은 백범 김구의 생애가 이 점을 상징적으로 보여준다.

또한 동학농민혁명은 현대에 전개된 여러 민주화운동, 즉 4.19의거·5.18 광주민주화항쟁 등의 정신적 본령을 이룬다. 그런 점에서 농민혁명은 끝내 실패로 마무리된 사건으로만 평가할 수 없다. 이 사건은 사회의 변화와 발전에 대한 대중적 요구가 제대로 수용되지 못할 때, 부패한 지배세력이나 노골적인 외세침략에 대한 대중적 비판과 저항이 미약할 때, 그 공동체가 어떤 처지로 전락하는지를 현재의 우리에게 생생하게 보여주는 산 경험이자 역사로 남아 있다.

역사에서 '만일'이라는 가정(假定)은 부질없는 일이다. 역사의 대상인

과거(過去)는 말 그대로 이미 지나 버려 되돌릴 수 없는 것이기 때문이다. 그래도 '가정'을 한 번 해보자. 만일 농민군의 호소에 호응하여 민족 구성원(관료와 지주, 양반과 향리층 등) 모두가 농민군이 그랬던 것처럼 일본의 침략에 맞서 싸웠다면 어땠을까? 정말 그랬어도 우리는 일제의 침략에 그처럼 무기력하게 허물어지고, 식민지 백성이라는 나락으로 떨어졌을까? 결과야 단정할 수 없는 일이다. 하지만 온 민족이 나서서 저항했다면, 그 승패에 관계없이, 우리 근대사는 분명 그에 걸맞게 달라졌을 것이다. 또한 식민지화에서부터 파생된 현대사의 온갖 불행 역시 모습을 달리했을 것이다.

상상으로 역사를 바꿀 수는 없다. 하지만 이런 상상을 해보면, 동학농민혁명의 역사는 오늘 우리에게 더 큰 의미와 아쉬움을 던지며 다가오지 않는가?

순창 피노리에서 잡혀 서울로 압송되는 전봉준

동학농민혁명을 이끈 전봉준의 최후 모습이다. 전봉준이 체포된 것을 끝으로 농민혁명은 사실상 대단원의 막을 내렸다. 민족의 자주근대화를 이루기 위한 마지막 시도는 이렇게 좌절되었고, 이후 조선은 일제의 침략에 맞서지 못한 채 식민지로 전락해 갔다. 그런 점에서 이 사진은 한국근대사의 성패(成敗)가 갈리는 그 순간을 담고 있다.

이 사진에서, 잡혀간 것은 전봉준이 아니라 조선의 농민 대중이다. 아니 조선이다.

• 지은이

신순철

경북 안동에서 태어났으며, 원광대학교 원불교학과를 졸업하고, 고려대학교 대학원 사학과에서 한국근대사를 공부했다.
원광대 사학과 교수 및 원광학원 이사장 등을 역임하였으며, 현재 동학농민혁명기념재단 이사장을 맡고 있다.

이진영

전북 정읍에서 태어났으며, 전북대학교에서 「동학농민전쟁과 전라도 태인현의 재지사족」으로 박사학위를 받았다.
현재 행정안전부 국가기록원 학예연구관으로 재직중이다.

실록 동학농민혁명사

초판 1 쇄일	1998년 10월 09일
초판 4 쇄일	2022년 12월 20일
지 은 이	신순철 · 이진영
발 행 인	김선경
책 임 편 집	김소라
발 행 처	서경문화사
주 소	서울시 종로구 이화장길 70-14(204호)
전 화	743-8203, 8205 / 팩스 : 743-8210
메 일	sk8203@chol.com
신 고 번 호	제1994-000041호
ISBN	89-86931-14-1 93910

ⓒ 신순철 · 이진영, 1998